Helmut Gabel *Inspiriert und inspirierend* – die Bibel

Helmut Gabel

Inspiriert und inspirierend – die Bibel

echter

Bibliografische Information der Deutschen Nationalbibliothek

Die Deutsche Nationalbibliothek verzeichnet diese Publikation
in der Deutschen Nationalbibliografie; detaillierte bibliografische Daten
sind im Internet über ‹http//dnb.d-nb.de› abrufbar.

© 2011 Echter Verlag GmbH, Würzburg
www.echter-verlag.de
Umschlag:Peter Hellmund (Foto: Herbert Liedel)
Satz: Hain-Team, Bad Zwischenahn (www.hain-team.de)
Druck und Bindung: Druckerei Friedrich Pustet, Regensburg
ISBN 978-3-429-03393-4 (Print)
ISBN 978-3-429-04556-2 (eBook)

Inhalt

Vorwort 9

1. **Warum und mit welchem Ergebnis über die Inspiration der Bibel nachgedacht wurde – ein Streifzug durch die Geschichte der Inspirationstheologie** 15
   1. Die Bibel 15
   2. Die alte Kirche 17
   3. Das Mittelalter 22
   4. Die Neuzeit 28
   5. Das Erste Vatikanische Konzil 33
   6. Die neuscholastische Inspirationslehre 34
      6.1. Das „Grundmuster" der neuscholastischen Theorie 35
      6.2. Berechtigte Anliegen – ungeeignete Wege: die Schwächen der neuscholastischen Inspirationstheologie 39
   7. Die päpstlichen Bibelenzykliken 46
   8. Das Zweite Vatikanische Konzil 49

2. **Wie heutige Theologie über die Inspiration der Schrift denkt – ein „Rundflug" über die Theologie der letzten Jahrzehnte** 55
   1. Der Ansatz bei der Konstituierung der Glaubensgemeinschaft 57
   2. Der Ansatz bei der Bibel als Literatur 63
   3. Der Ansatz bei der Inspiration des glaubenden Menschen 75

3. Wie man heute von der Inspiration der Schrift reden kann – ein Versuch einer theologischen Bilanz 87

1. Die „Sache" der Inspirationstheologie 89
2. Heilige Schrift und Heiliger Geist 91
   - 2.1. Heiliger Geist und Selbstmitteilung Gottes 93
   - 2.2. Heiliger Geist und Auferbauung der Glaubensgemeinschaft 95
   - 2.3. Heiliger Geist und „Dienste am Wort" 97
   - 2.4. Heiliger Geist und Schrifttext 100
   - 2.5. Fazit: Schriftinspiration als Moment der Inspiration des Lebensprozesses der Glaubensgemeinschaft 102
3. Schriftinspiration als „Beziehungsbegriff" 103
   - 3.1. Der dialogische Charakter der Schriftinspiration 103
   - 3.2. Die ekklesiologische Dimension der Schriftinspiration 106
   - 3.3. Die Inspiriertheit aller Glaubenszeugnisse und die Schriftinspiration 108
4. Das Spezifische der Inspiration der Schrift 108
   - 4.1. Schriftinspiration als Inspiration grundlegender und normativer Texte 108
   - 4.2. Die Kriterien der Kanonizität 110
5. Der Vorgang der Schriftinspiration: das Zusammenwirken von Gott und Mensch 116
   - 5.1. Göttliches und menschliches Wirken bei der Entstehung der Schrift 117
   - 5.2. Göttliches und menschliches Wirken beim Lesen und Verstehen der Schrift 118

6. Der Wahrheitsanspruch der Schrift 119
7. Inspiration innerhalb und außerhalb der
   Glaubensgemeinschaft 121

4. Was sich aus diesem Inspirationsverständnis
für die Interpretation der Bibel ergibt –
ein „Praxistest" für den Umgang
mit schwierigen Bibelstellen 123
1. Inspirationsverständnis und
   Bibelhermeneutik 124
2. Hilfen zur Auslegung biblischer Texte 130
   2.1. Biblische Texte als Menschenwort lesen 130
      2.1.1. Bibeltexte als menschliche
             Deutung von Erfahrungen
             auf Gott hin verstehen 130
      2.1.2. Die literarischen Formen
             und Gattungen beachten 132
      2.1.3. Beachten, wer den Text an
             wen in welcher Situation mit
             welcher Absicht geschrieben hat 138
   2.2. Biblische Texte im Kontext
        der ganzen Schrift lesen 141
   2.3. Biblische Texte in gläubiger
        Offenheit lesen 144
   2.4. Biblische Texte in
        der Glaubensgemeinschaft lesen 147

Anmerkungen 153

Leseempfehlungen 159

Vorwort

„Sie werden lachen – die Bibel!", antwortete Bertolt Brecht auf die Frage, welches Buch ihn am meisten anspreche. Die Heilige Schrift war für ihn offenbar ein inspirierendes Buch, durch das er sich bereichert und angeregt, vielleicht auch herausgefordert fühlte. Ähnlich empfinden es viele Menschen unserer Zeit – nicht nur engagierte Christen, die Sonntag für Sonntag Schriftlesungen im Gottesdienst hören und vielleicht auch selber die Bibel lesen oder in Bibelkreisen Anregungen für ihr Leben bekommen, sondern auch Kirchendistanzierte, denen zumindest einige zentrale Texte der Bibel vertraut sind. Die Psalmen des Alten Testaments, das Hohelied der Liebe aus dem ersten Korintherbrief, das Gleichnis vom barmherzigen Samariter, die Weisungen Jesu in der Bergpredigt empfinden viele Menschen – Engagierte wie Fernstehende, Christen wie Nichtchristen – als bedeutungsvolle und anregende Texte. Die Bibel inspiriert.

Allerdings: Auch außerbiblische Texte inspirieren. Geistliche Texte des Christentums, etwa die „Bekenntnisse" des heiligen Augustinus, sprechen viele Menschen an. Dasselbe gilt für heilige Schriften anderer Religionen. Mancher literarische Text – etwa „Der kleine Prinz" von Antoine de Saint-Exupéry oder „Der Prophet" von Kahlil Gibran – bedeutet Menschen unserer Zeit viel. Ich erinnere mich an eine Trauung, bei der eine Lektorin an den Ambo trat und anhob: „Lesung aus dem Buch vom kleinen Prinzen." Und Brautpaare fragen mich manchmal, ob man nicht statt einer biblischen Lesung einen Abschnitt von Kahlil Gibran vorlesen könne; er sei ihnen so wichtig für ihre Beziehung geworden. Biblische und außerbiblische Texte können gleichermaßen inspirierend sein – warum nicht im Gottesdienst einen biblischen Text durch einen anderen ersetzen?

Umgekehrt: Es gibt viele Texte in der Bibel, von denen anscheinend gar keine inspirierende Wirkung ausgeht. Wer die Bibel aufschlägt und ausgerechnet auf die Stammeslisten oder das Lagerstationen-Verzeichnis im Buch Numeri stößt, wird die Heilige Schrift bald enttäuscht weglegen. Und der Gottesdienstteilnehmer, der kurz vor Weihnachten in den Werktagsgottesdienst geht und als Evangelium ausgerechnet den Stammbaum Jesu mit einer Fülle von ihm unbekannten jüdischen Namen hört, wird sich fragen: Was soll das?

Innerhalb und außerhalb der Bibel gibt es Inspirierendes und Nicht-Inspirierendes. Was ist das Besondere an der Bibel? Was unterscheidet sie von den „Bekenntnissen" des Augustinus, vom „Kleinen Prinzen", vom Koran, vom Buch der Wandlungen aus der chinesischen Philosophie und anderen ebenso inspirierenden Texten?

Die Antwort der christlichen Theologie verwendet dasselbe Wort, das in den vorausgegangenen Abschnitten oft vorkam: Sie spricht von „Inspiration" und drückt die Überzeugung aus, die Bibel sei inspiriert, d. h. sie sei unter dem „Anhauch", der „Einhauchung" des Heiligen Geistes entstanden. Und eine zweite Aussage taucht gleichgewichtig auf: Die Bibel habe Gott zum „auctor", zum Urheber. Inspiration des Geistes und göttliche Urheberschaft – diese beiden Merkmale wurden mit allerhöchster kirchlicher Autorität im Ersten Vatikanum (1869–70) der Bibel zugeschrieben und vom Zweiten Vatikanum (1962–65) bekräftigt.

Aber mit diesem Satz „Die Bibel ist von Gott inspiriert" haben viele ihre Schwierigkeiten, und nicht nur Nichtchristen. Ein Beispiel: Es ist Montag der zweiten Woche im Jahreskreis,

Jahr II. Der Lektor trägt die Lesung aus 1 Sam 15 vor: Samuel kündigt dem König Saul an, dass Gott ihn verwerfen wird, weil er nicht, wie von Gott befohlen, die Amalekiter mit Stumpf und Stiel ausgerottet hat. Als der Lektor mit dem Satz schließt: „Wort des lebendigen Gottes", lese ich förmlich in den Augen der Mitfeiernden: Das ist also Gottes Wort, von Gott inspiriert? Wir sollen wirklich glauben, dass der Gott, von dem wir sagen, er sei die Liebe, die Vernichtung der Feinde befiehlt?

Ähnlich am Zweiten Fastensonntag, Lesejahr B. Die erste Lesung aus Gen 22 erzählt, wie Gott Abraham befiehlt, seinen einzigen Sohn als Opfer für Gott zu schlachten. Das soll wirklich Gottes Wort sein?

Mancher tröstet sich damit, dass beide Stellen im Alten Testament stehen und wir Christen doch Gott sei Dank das Neue Testament haben. Aber auch das Neue Testament kann Probleme bereiten: Fest der Heiligen Familie. Die Lektorin, eine selbstbewusste Frau, liest in der Sakristei die zweite Lesung aus Kol 3 durch und erklärt mir dann: Glauben Sie aber bloß nicht, dass ich heute sage: Wort des lebendigen Gottes! Das ist eine Zumutung für jede Frau, wenn da steht: Ihr Frauen, ordnet euch euren Männern unter! Das soll Gottes Wort sein, von Gott eingegeben, von ihm inspiriert?

Oder wer manchen „Stern"- oder „Spiegel"-Artikel liest, kann den Eindruck gewinnen: Die Bibel ist ein höchst problematisches Buch, auf höchst zeitbedingte, zufällige Weise entstanden. Da „menschelt" es allenthalben, da spielen Konflikte der Glaubensgemeinschaft und jede Art von Gruppeninteressen hinein. Wer sie historisch-kritisch betrachtet, für den scheint nicht viel übrig zu bleiben von der göttlichen Inspiration der Schrift. Ich erinnere mich noch, wie mir ein Studienkollege in den siebziger Jahren dezidiert erklärt hat: „Ich glaube nicht an die Inspiration der Bibel. Die Bibel ist eine Sammlung von Dokumenten, in denen Menschen ihre Erfahrungen niedergeschrieben haben, ein Buch wie andere Bücher auch!"

Da kann man allerdings einige Rückfragen stellen: Muss das unbedingt ein Gegensatz sein: menschliche und göttliche Urheberschaft? Was hat dieser Studienkollege von damals für einen Begriff von Inspiration, wenn er die Vorstellung von einer Inspiration der Bibel ablehnt? Orientiert er sich vielleicht allzu sehr an dem, was evangelikal-fundamentalistische Gruppen unter Inspiration verstehen: Die Bibel ist wörtlich von Gott eingegeben und deshalb in allen Punkten wörtlich zu nehmen? Aber ist das *die* christliche Vorstellung von Inspiration? Was meinte die christlich-theologische Tradition eigentlich, wenn sie von Inspiration sprach? Meinte sie zu allen Zeiten dasselbe? Es lohnt sich, dieser Vorstellung und diesem Begriff der „Inspiration" der Schrift nachzugehen – mit der Fragestellung im Hintergrund: Enthält die Konzeption von der „Inspiration" der Schrift vielleicht manches, das auch heute für unser christliches Leben und Denken hilfreich ist, ja vielleicht sogar wichtig und unverzichtbar?

Deshalb wird in einem ersten Kapitel ein Gang durch einige ausgewählte Stationen der Geschichte der christlichen Theologie vorgenommen: Wann hat man angefangen, von einer Inspiration der Bibel zu sprechen? Wer hat angefangen, darüber intensiver nachzudenken? Warum hat man darüber reflektiert? Man hätte es ja auch bleiben lassen und sich mit anderen Themen beschäftigen können! Wer hat sich wann und warum mit der Schriftinspiration befasst? Zu welchen Ergebnissen kam er, und wie sind sie im Gesamt der theologischen Denkgeschichte zu beurteilen?

Dann schließt sich im zweiten Kapitel die Frage an: Wie reden Theologen heute, unter den denkerischen Herausforderungen unserer Zeit, über die Inspiration der Schrift? Was verstehen sie darunter? Das Ziel ist, in einem dritten Kapitel eine Antwort auf die Frage zu geben: Wie kann man heute von der Inspiration der Schrift sprechen – in Verantwortung vor der Überlieferung der Kirche und zugleich so, dass ein kritischer, suchender, reflektierender Mensch unserer Tage mitgehen kann?

Schließlich wird im vierten Kapitel das Entwickelte dem „Praxistest" unterzogen: Was wirft dieses Verständnis von „Schriftinspiration" ab für die konkreten Schwierigkeiten im Umgang mit einzelnen biblischen Texten, insbesondere den sperrigen Texten der Bibel? Was ergibt sich aus diesem Verständnis von Inspiration für die Interpretation der Bibel?

Die folgenden Ausführungen versuchen zu zeigen: Ein theologisch verantwortetes Verständnis der Inspiration der Schrift hilft, die Bibel mit ihren manchmal schwierigen Texten sachgerechter zu verstehen. Es trägt dazu bei, dass die Bibel ihre inspirierende Kraft entfalten kann – für das eigene Leben, die Kirche und die heutige Welt.

1.
Warum und mit welchem Ergebnis über die Inspiration der Bibel nachgedacht wurde – ein Streifzug durch die Geschichte der Inspirationstheologie

1. Die Bibel

Wer in der Bibel eine entfaltete Inspirationslehre sucht, wird enttäuscht. Dass die Heiligen Schriften von Gott inspiriert seien, davon ist ausdrücklich nur an einer Stelle im Neuen Testament die Rede: 2 Tim 3,16–17. Da erklärt der Verfasser: „Jede von Gott eingegebene (im Griechischen steht das Wort „theopneustos", d. h. wörtlich: „gottgehaucht", „von Gott eingehaucht", „von Gott inspiriert") Schrift ist auch nützlich zur Belehrung, zur Widerlegung, zur Besserung, zur Erziehung in der Gerechtigkeit; so wird der Mensch Gottes zu jedem guten Werk bereit und gerüstet sein."

Wozu dient dieser Hinweis auf die göttliche Eingebung der Schriften (wobei hier eindeutig die Texte des Alten Testaments gemeint sind)? Weil sie „gottgehaucht" sind, sind sie zur „Besserung" nützlich, zur „Erziehung in der Gerechtigkeit". Weil die Schriften von Gott inspiriert sind, verändern sie das Leben. Die heiligen Bücher sind nicht Bücher für Schreibtischgelehrsamkeit, sondern fürs Leben. Natürlich auch Fundgrube für theologische Argumente, sie dienen ja auch zur „Belehrung" und „Widerlegung" – sie sind Grundlage für die Auseinandersetzung im Innern der Kirche um das rechte Verständnis der christlichen Botschaft und für die Diskussion mit Außenstehenden. Mit Begriffen von heute könnte man sagen: Weil sie inspiriert sind, haben sie einen „dogmatischen" Nutzen (d. h. sie sind hilfreich für das rechte Verständnis der christlichen Glaubensinhalte) und einen „apologetischen" Wert (d. h. sie sind brauchbar für die Verteidigung des Glaubens gegenüber Angriffen von außen). Beides aber ist eingebettet in einen „pastoralen" (auf die Seelsorge bezogenen) und einen „soteriologischen" (auf das Heil des Menschen bezogenen) Kontext: Es geht um das Leben und um das Gelingen des Lebens; es geht um das Heil! Das wahrzunehmen ist wichtig, denn es werden später Zeiten kommen, in denen dieser Kontext der Inspirationslehre nicht mehr so deutlich gesehen wird.

Bemerkenswert ist in diesem Zusammenhang, dass das Wort „theopneustos" sowohl mit „gottgehaucht" als auch mit „gotthauchend" übersetzt werden kann. Es ist also sowohl der inspirierte Ursprung als auch die inspirierende Wirkung der Schrift angesprochen. Das läge ganz auf der Linie der paulinischen Schriften und der paulinischen Schule, die gleichermaßen die Rolle des Geistes bei der Entstehung der Schrift wie auch bei der Schriftauslegung im Blick haben. Nach Jonathan Whitlock „lehrt schon Paulus, daß die Inspiriertheit dieser Schrift nur dann zur Geltung kommt, wenn sie in dem Geist ausgelegt wird, in dem sie geschrieben wurde"[1].

Eine zweite in diesem Zusammenhang oft angeführte Stelle ist 2 Petr 1,20 f: „Bedenkt dabei vor allem dies: Keine Weissagung der Schrift darf eigenmächtig ausgelegt werden; denn niemals wurde eine Weissagung ausgesprochen, weil ein Mensch es wollte, sondern vom Heiligen Geist getrieben haben Menschen im Auftrag Gottes geredet." Hier geht es aber bei den genannten „Menschen", wenn man genau hinschaut, nicht um biblische Autoren, sondern um Propheten. Und beides gilt es gut voneinander zu unterscheiden – das hat die spätere theologische Tradition immer wieder zu Recht betont: Der Prophet ist unmittelbarer Empfänger einer göttlichen Offenbarung; der biblische Autor hingegen kann auch aus vorgefundenen Quellen schöpfen. Das zitierte Bibelwort sagt lediglich etwas über die Inspiration des Propheten, nicht aber über die des Verfassers biblischer Schriften.

Auf den ersten Blick also eine etwas magere Bilanz: Nur eine Schriftstelle zur Schriftinspiration, dazu noch lediglich in einer späteren Schrift des Neuen Testaments und nur auf das Alte Testament bezogen! Aber kann man erwarten, dass die Bibel selber bereits über ihr eigenes Geheimnis nachdenkt? Erst nachdem die Bibel entstanden ist, reflektiert man über ihr Wesen und über das Mysterium ihrer Entstehung. Das beginnt in den folgenden Jahrhunderten.

2. Die alte Kirche

Woher stammt eigentlich die Vorstellung von einer „Inspiration" der biblischen Schriftsteller? Sie reicht in die Geistes- und Kulturgeschichte der griechischen und römischen Antike zurück.[2] Frühjüdische Autoren, besonders aus dem Diasporajudentum, haben den Gedanken aufgegriffen und weiterentwickelt. Der jüdische Exeget und Philosoph Philo von Alexandrien stellt sich die Inspiration so vor: Gott versetzt den Schreiber in Ekstase und macht ihn zu einem willenlosen Werkzeug, das die Botschaft niederschreibt, ohne sich seiner selbst noch mächtig zu sein.

Es ist zwar fraglich, ob Philo die Ausschaltung des Bewusstseins des Schriftstellers wirklich so stark betonen wollte oder ob er nur das gängige Verständnis seiner griechischen Umwelt aufgegriffen hat, um zu betonen, dass die biblischen Schriften nicht reines Menschenwerk sind. Aber immerhin hat dieses Verständnis von Inspiration einige frühe christliche Theologen (Justin, Athenagoras und den Verfasser der „Mahnrede an die Griechen") beeinflusst. Bald jedoch tritt man in kritische Distanz zur Vorstellung, Gott schalte das Bewusstsein und die Freiheit des biblischen Schriftstellers aus. Dies kann man bei dem Theologen deutlich beobachten, der die erste systematische Inspirationslehre entwickelt hat: Origenes.

Was treibt ihn, über die Inspiration nachzudenken? Unverkennbar sind apologetische Motive. Origenes hat zwei Gegner. Da sind zum einen die Montanisten, die ein Prophetentum kennen, das sich auf unmittelbare göttliche Offenbarung beruft. Gegenüber diesem prophetischen Schwärmertum betont er die Autorität der Schrift – und er tut dies mit dem Hinweis auf die Inspiration der alttestamentlichen Propheten, der Apostel und der Evangelisten. In diesem Zusammenhang betont er auch, dass die genannten Personengruppen – anders als die montanistischen Propheten, die ihre Eingebungen in einer Art Trancezustand bekommen – ihrer selbst mächtig bleiben: Gott schaltet ihre Bewusstheit und Freiheit keineswegs aus, sondern bezieht sie ein!

Der zweite Gegner ist Markion, ein einflussreicher und vermögender Reeder aus Sinope am Schwarzen Meer (geb. 85 n. Chr.). Dieser sieht den gerechten Schöpfergott des Alten Testament und den aus reiner Güte barmherzigen und liebenden Gott des Neuen Testaments als unvereinbare Gegensätze und lässt auch im Neuen Testament nur die Schriften gelten, die seiner Auffassung nach nicht vom Gottesbild des Alten Testament infiziert sind. Ihm gegenüber betont Origenes die Autorität der *gesamten* Schrift – und begründet sie mit ihrer Inspiration.

Doch diese eher dogmatisch-apologetischen Motive sind nicht alles. Die Inspiration der Schrift betont Origenes noch in einem anderen, für ihn sehr zentralen Kontext: im Zusammenhang der geistlichen Schriftauslegung. Für Origenes hat jedes Wort der Schrift nicht nur eine buchstäbliche Bedeutung, einen „literarischen Sinn", sondern einen tieferen, „geistlichen" Sinn. Dieser Gedanke ist nicht neu: Seit urkirchlicher Zeit ist man der Ansicht, dass die Heiligen Schriften des Volkes Israel im Blick auf das, was in Jesus Christus geschehen ist, nochmals tiefer gedeutet werden können. Schon Paulus spricht von einem tieferen Sinn der alten Schriften – so etwa in 1 Kor 10,4, wo er den Wasser spendenden Felsen aus der Erzählung vom Wüstenzug der Israeliten auf Christus hin deutet. Und zur gleichen Zeit legt Philo von Alexandrien viele Stellen der Bibel „allegorisch" (griechisch: alla agoreuein = anderes sagen) aus. Er ist von dem Bestreben geleitet, die biblischen Texte für Menschen, die in einer ganz anderen, nämlich der hellenistischen Denk- und Vorstellungswelt leben, nachvollziehbar zu machen. Diese Ansätze gewinnen einen großen Einfluss in der alten Kirche. Für Origenes ist klar: Alles in der Bibel kann geistlich gedeutet und so für das Heute, für das eigene Leben, für die Gegenwart der Kirche, fruchtbar gemacht werden. Warum? Weil die ganze Bibel bis in ihre kleinsten Teile hinein inspiriert ist, weil Gott hinter jedem Wort der Schrift steht. Der Inspirationsgedanke hat bei Origenes nicht nur eine dogmatisch-apologetische, sondern auch eine pastoral-spirituelle Zielrichtung!

„Inspiration" ist deshalb für Origenes nicht nur ein vergangenes, abgeschlossenes Wirken Gottes – so als ob der Geist Gottes sein Werk in Bezug auf die Bibel getan hätte, nachdem er die biblischen Schriftsteller inspiriert hat. Für Origenes ist nicht nur der Autor inspiriert. Auch der, der die Heilige Schrift liest, hört, auslegt und verkündigt, ist vom Geist geleitet. Ohne ihn könnte er den Sinn der Schrift gar nicht verstehen. Inspiration ist ein fortdauerndes Geschehen – ein Gedanke, der leider in der folgenden Entwicklung der Inspirationslehre wenig Wirkung zeigte und erst im 20. Jhd. wiederentdeckt und weiterentfaltet wurde.

Und noch ein Aspekt ist bei Origenes beachtenswert: „Inspiration" ist für ihn kein Abgrenzungskriterium der biblischen Bücher. Das Begriffspaar „inspiriert" – „nicht inspiriert" ist bei ihm nicht gleichbedeutend mit „kanonisch" – „nicht kanonisch" (oder „biblisch" – „außerbiblisch"), sondern mit „authentisch christlich" – „häretisch".

Diesen Sprachgebrauch findet man auch bei anderen Theologen der alten Kirche. Viele Schriften der Kirchenväter werden als „inspiriert" bezeichnet. Gregor von Nyssa nennt z. B. den Kommentar seines Bruders Basilius zur Schöpfungsgeschichte eine „inspirierte Betrachtung". Die Entscheidungen der altkirchlichen Konzilien gelten als „inspiriert". Ja, man bezeichnet sogar – freilich in einem sehr eingegrenzten Sinn – manche Vertreter des Heidentums als inspiriert. Klemens von Alexandrien schreibt einmal, die heidnischen Weisen hätten durch die „epipnoia" (Einhauchung) Gottes gesprochen, und die im 3. Jhd. entstandene „Mahnrede an die Griechen" spricht von einer beschränkten „epipnoia" bei den Weissagungen der alten Sibylle.

Hier wird ein Anliegen deutlich, das für die altkirchliche – und teilweise noch für die mittelalterliche – Zeit charakteristisch ist: Es geht darum, das Wirken des Geistes in der gegenwärtigen Kirche zurückzubinden an den geistgewirkten Ursprung, wie er in den biblischen Schriften greifbar ist. Man nimmt gleichermaßen die grundlegende Bedeutung der Bibel wie auch die Lebendigkeit des gegenwärtigen kirchlichen Lebens ernst. Die Bibel hat – das ist für die Theologen der alten

Kirche sonnenklar – eine Sonderstellung gegenüber anderen authentischen Zeugnissen des christlichen Glaubens. Ihre göttliche Autorität wird allen Relativierungsversuchen gegenüber unterstrichen. Aber ihr besonderer Rang wird anscheinend weniger mit ihrer „Inspiration" begründet, sondern eher damit, dass sie von den Propheten und den Aposteln herkommt und von Anfang an in der Kirche wertgeschätzt wurde.

Im Westen führen Ambrosius und Augustinus einen Begriff ein, der für die Inspirationslehre bis in unsere Zeit hinein ein Schlüsselbegriff wurde: Gott ist der „auctor" der Schrift. Man hat das oft so gedeutet, als wolle man sagen: Gott ist „Autor" der Schrift, also der literarische Verfasser. Doch das lateinische Wort bedeutet nicht nur „Verfasser", sondern auch und zunächst – in einem weiteren Sinn – „Urheber". Es gibt eine Stelle bei Ambrosius, an der er ganz eindeutig „auctor" mit dem griechischen Wort „aitios" (Verursacher) übersetzt, nicht etwa mit „syngrapheus" (Verfasser), wie man eigentlich erwarten müsste.[3] Demnach geht es den lateinischen Kirchenvätern auf keinen Fall darum, die menschliche Verfasserschaft gering anzusetzen, sondern vielmehr darum, die göttliche Urheberschaft und damit die göttliche Autorität der Schrift sicherzustellen.

Die Schrift hat „Autorität" – das heißt für die Theologen der alten Kirche nicht das, was heute bei vielen Menschen bei diesem Wort mitschwingt: Man muss sich den Aussagen der Schrift blind unterwerfen. „Auctoritas" kommt vielmehr vom lateinischen Wort „augere" = „vermehren". Autorität hat das, was bereichert, was Neues aufschließt, was Leben weckt, was überzeugt, was Perspektiven öffnet, was eine innere Überzeugungskraft besitzt, was Gewicht hat. Dass die alten Theologen genau das meinen, wenn sie von der Inspiration und göttlichen „auctoritas" der Schrift sprechen, zeigt sich an den Bildern, mit denen sie von der Bibel reden: Für Origenes ist die Hl. Schrift Nahrung der Seelen und göttliches Manna, das im Mund eines jeden Geschmack annimmt. Die Worte der Schrift vergleicht er mit Arzneien: „Weil Jesus, der der Arzt ist, zugleich auch das Wort Gottes ist, so bereitet er seinen Kranken nicht aus Kräutersäften, sondern aus den Geheimnissen von Worten Arzneien. Wenn einer diese Wort-Heilmittel über die Bücher hin wie über Felder wildwachsend zerstreut sieht, und er kennt die Kraft der einzelnen Sprüche nicht, so wird er daran wie an nutzlosem Kraut … vorübergehen."[4] Ein schönes Bild: Die Schrift als Kräutergarten, der für jeden das Heilkraut bereithält, das er braucht! Ähnlich Ambrosius: Eine Fülle von Bildern taucht bei ihm auf, mit denen er die Wirkung der Schrift beschreibt: Sie ist wie eine aufgehende Sonne, eine klare Flut, eine reiche Goldader, ein Feuer, der Kräutergarten der Seele, Arznei für unsere Wunden und unsere Ohnmacht, gewaltig wie ein Strom, anziehend wie ein Bach inmitten von Wiesen, wie Tau in der Morgenfrühe, wie Regen auf die dürstenden Saaten, ein reicher Kornacker, ein Weidefeld für die Herde Christi, das Gastmahl der Kirche. Weil die Schrift inspiriert ist und Gott zum Urheber (auctor) hat, entfaltet sie eine solche lebenspendende und anziehende Kraft!

3. Das Mittelalter

Das Mittelalter führt diese Sicht weiter: Nicht nur die Mystiker, sondern auch die scholastischen Theologen reden in prallen Bildern von der Lebensfülle der Schrift: Schatz, Süßigkeit, Weinberg, Silber, Leuchte – das sind nur einige Bilder, die Odo von Cluny gebraucht. Für Bruno von Asti sind die Evangelien ein Paradiesesstrom, für Hildebert von Tours ist die Bibel ein

Lustgarten mit allen Früchten, für Petrus von Blois ist die Schriftlesung Speise, Atem und Leben, wie die Harfe Davids, die den Trübsinn Sauls erleichterte.

Weil die Schrift inspiriert ist, ist sie Lebensquelle. Auf Grund ihres Ursprungs im Geist Gottes kann sie – über den buchstäblichen Sinn hinaus – „geistlich" ausgelegt werden – das war schon die Überzeugung der alten Kirche. Das Mittelalter systematisiert diesen Umgang mit der Bibel, indem es die Lehre vom „vierfachen Schriftsinn" entwickelt. Sie findet am klarsten ihre Formulierung in dem berühmten Merkvers Anselms von Dänemark (13. Jhd.):

Littera gesta docet,
quid credas, allegoria,
moralis, quid agas,
quo tendas, anagogia.

„Der Buchstabe lehrt, was geschah" – es gibt einen buchstäblichen Sinn, den „Literalsinn". Aber darüber hinaus hat der Schrifttext einen „allegorischen Sinn", der einem sagt, woran man glauben soll. Drittens gibt es einen „moralischen Sinn", der lehrt, was zu tun ist. Schließlich erklärt der „anagogische Sinn", wohin wir streben; er spricht von unserer Zukunft, von dem letzten Ziel, auf das wir zugehen und für das wir bestimmt sind (griech. „anago" = hinaufführen).

Als Beispiel können die Verse der Psalmen dienen, in denen von Jerusalem die Rede ist. Was ist mit „Jerusalem" gemeint? Selbstverständlich die Stadt in Palästina mit ihrer zentralen Bedeutung für das Volk. Das ist der „Literalsinn". Für den Christen hat „Jerusalem" aber auch einen „allegorischen Sinn", d. h. es sagt noch etwas anderes (alla agoreuein = anderes sagen): Der Christ kann alles das, was über Jerusalem gesagt ist, auf das neue Gottesvolk, die Kirche, beziehen. Wenn er betet: „Jerusalem, du starke Stadt, dicht gebaut und fest gefügt"

(Ps 122,3), dann sieht er darin einen Hinweis auf die Kirche, der Christus zugesagt hat, dass sie die Mächte der Unterwelt nicht überwältigen werden (Mt 16,18). Und er kann noch weitergehen und besonders dort, wo an Jerusalem eine Aufforderung gerichtet ist, diese als Aufforderung an sich selber sehen: „Jerusalem, preise den Herrn" (Ps 147,12); in diesem dritten, „moralischen" Sinn ist „Jerusalem" die menschliche Seele. Und schließlich kann der Blick auch in die Zukunft gehen, auf die ewige Vollendung hin: Der Beter erinnert sich, dass die Offenbarung des Johannes von einem endzeitlichen Jerusalem spricht, das vom Himmel her einst niedersteigen wird (Offb 21,10), und sieht alles, was er in den Psalmen über Jerusalem liest, als Hinweis auf die endgültige Vollendung („anagogischer Sinn").

Die letztgenannten drei Sinndimensionen lassen sich auch gut von den drei „göttlichen Tugenden" her verstehen: der allegorische Sinn hat mit dem Glauben zu tun, der moralische Sinn mit der Liebe, der anagogische Sinn mit der Hoffnung des Christen.

Diese Systematisierung des Umgangs mit der Schrift entspricht einem Grundzug mittelalterlicher Theologie: Das Bild vom „finsteren Mittelalter", das von Irrationalität und Unaufgeklärtheit beherrscht ist, ist ja ein Konstrukt der Neuzeit, das den neueren Forschungen nicht standhalten kann. Die mittelalterliche Scholastik hat vielmehr eine hohe Meinung von der menschlichen Vernunft: Sie ist Gottes Gabe, uns geschenkt, damit wir Gottes Geheimnis tiefer ergründen können. „Fides quaerens intellectum" – Glaube, der die die Vernunft sucht, also ein Glaube, der sich selber tiefer zu verstehen sucht –, das ist das Programm des Anselm von Canterbury (1033–1109). Und die Hochscholastik entdeckt die Philosophie des Aristoteles neu als hervorragendes Mittel für logische Klarheit und präzises Denken. Wie alle theologischen Themen, so wird auch das Geheimnis des göttlichen Ursprungs der Schrift mit Hilfe der Vernunft durchleuchtet. Wenn mittelalterliche Theologen über die Schriftinspiration nachdenken, haben sie also – neben dem bereits erwähnten spirituell-pastoralen Interesse – eine dogmatische Intention: Es geht darum, die christlichen Glaubensinhalte tiefer zu verstehen.

Dabei wird immer mehr die Philosophie des Aristoteles zu Hilfe gerufen. Was die Frage der Inspiration der Bibel betrifft, so leistet die aristotelische Ursachenlehre einen wichtigen Dienst: Aristoteles unterscheidet zwischen vier Arten von Ursachen: Material-, Formal-, Wirk- und Zielursache. Wenn zum Beispiel ein Tisch hergestellt wird, dann geht es nicht ohne Holz oder einen anderen Stoff – die „Materialursache" (causa materialis). Das allein ist noch kein Tisch, wenn er nicht in eine bestimmte Form gebracht wird, zu der beispielsweise eine waagrechte Platte und in der Regel vier Beine von gleicher Länge gehören – die „Formalursache" (causa formalis). Jemand muss in diesem Sinn das Material bearbeiten – der Tischler ist die „Wirkursache" (causa efficiens). Und er täte es nicht, wenn er nicht ein Ziel hätte, etwa dass man auf diesem Gegenstand dann essen oder schreiben kann – der Tisch kommt nicht zustande ohne eine „Zielursache" (causa finalis). Aber nochmals zurück zur „Wirkursache", dem Tischler. Er ist die „Haupt-Wirkursache" (causa efficiens principalis), aber er brächte den Tisch nicht zustande, wenn er nicht Werkzeuge hätte – diese bilden die „Instrumental-Wirkursache" (causa efficiens instrumentalis). Dieses Modell überträgt man nun auf die Entstehung der Schrift und beschreibt Gott als den „Haupt-Urheber" (auctor principalis), den menschlichen Autor als den „Instrumental-Urheber" (auctor instrumentalis).

Der biblische Schriftsteller als „Instrument" Gottes? Diese Begrifflichkeit hat später viel Widerspruch hervorgerufen. Ist da nicht der Vorstellung von einem willenlosen Werkzeug wieder Tür und Tor geöffnet – einer Sichtweise, die gar nicht dem entspricht, wie zahlreiche biblische Schriftsteller ihre eigene Arbeit sehen und wie die heutige Bibelwissenschaft die Entstehung der Bibel beschreibt? Aber der Begriff „Instrument" lässt sich auch anders deuten. Natürlich schwingt im Begriff der „Instrumentalursache" der Gedanke der Abhängigkeit von der „Hauptursache" mit: Die Kreide kann nicht schreiben, wenn sie nicht von jemandem bewegt wird. Aber sie bringt auch ihre Eigenart mit ein: Mit einer gelben Kreide kann man keinen weißen Strich ziehen. Oder ein anderes Beispiel: Für einen Domorganisten ist es ein Graus, auf einer einmanualigen, defekten und verstimmten Orgel spielen zu müssen. Keiner kann etwas vom wirklichen Können des Musikers erahnen, wenn der Künstler sich auf diesem Instrument abquält. Das Instrument – das weiß jeder Organist – bestimmt das Ergebnis zu einem wesentlichen Teil mit. Es bringt seine Eigenart ein. So bezeichnet z. B. die mittelalterliche Scholastik Jesu Menschheit als Instrumentalursache unseres Heils. Hier kann mit dieser Redeweise auf keinen Fall die Passivität des „Instruments" gemeint sein. Vielmehr geht es um das Miteinander von Gottheit und Menschheit im Werk der Erlösung und um den wesentlichen Anteil, den die Menschheit Jesu am Heilswerk hat. Und ähnlich ist es beim Zustandekommen der biblischen Bücher: Der menschliche Schriftsteller bringt seine persönliche Individualität ein und prägt die Texte, die er schreibt, wesentlich mit. So gesehen, ist das Bild vom „Instrument" und die Rede vom biblischen Schriftsteller als einer „Instrumentalursache" keineswegs eine Abwertung der menschlichen Mitwirkung.

Neben diesem „dogmatischen" Interesse an der Schriftinspiration spielt auch die apologetische Intention weiterhin eine Rolle. Das gilt zumindest für die lehramtlichen Dokumente:

Das erste ökumenische Konzil, das die Schriftinspiration erwähnt, ist das Konzil von Florenz (1442). Dem Konzil zufolge bekennt die Kirche „ein und denselben Gott als Urheber des Alten und des Neuen Bundes, das heißt, des Gesetzes und der Propheten sowie des Evangeliums; denn die Heiligen beider Bünde haben unter Einhauchung desselben Heiligen Geistes gesprochen; sie (d. h. die Kirche) nimmt ihre Bücher an und verehrt sie; sie werden unter folgenden Titeln erfasst ...“[5] Primär geht es zwar nicht um die Bücher, sondern um die beiden Heilsordnungen des Alten und Neuen Testaments, und ausdrücklich abgelehnt wird das dualistische Denken mancher Gruppen, die das Sichtbare und das Unsichtbare auf zwei gegensätzliche Prinzipien zurückführen und einen Gegensatz zwischen dem Gott des Alten Testaments und dem des Neuen Testaments sehen. Aber die Inspiration der „Heiligen beider Bünde" hat eine unmittelbare Konsequenz für die Bücher des Alten und Neuen Testaments, sie begründet den im Folgenden umschriebenen Kanon der heiligen Schriften.

Es kann also festgehalten werden: Im Mittelalter findet sich auch das apologetische Interesse, stärker in den Vordergrund jedoch rückt die dogmatische Zielrichtung des Nachdenkens über die Schriftinspiration. Letztere ist immer eingebettet in einen spirituell-pastoralen Kontext; es gibt keine Trennung zwischen Theologie und Mystik, zwischen Glaubensreflexion und Spiritualität.

Allerdings verlagert sich im Spätmittelalter das Interesse immer mehr auf den dogmatischen Bereich. Allmählich beginnen Theologie und Mystik auseinanderzutreten. Je mehr Spiritualität als etwas Persönlich-Subjektives gesehen wird, theologische Reflexion hingegen als etwas Wissenschaftlich-Objektives, desto mehr trennt sich auch der Gedanke der Schriftinspiration von seinem spirituell-pastoralen Wurzelgrund. Er nimmt immer intellektualistischere Züge an. Die Einseitigkeit verstärkt sich noch in der Theologie der Neuzeit.

4. Die Neuzeit

Die Philosophie als Dienerin der Theologie – so sahen es die Theologen des Hochmittelalters in ihrer optimistischen Sicht, dass die Vernunft letzten Endes dazu beitrage, den Glauben tiefer zu verstehen. Der Theologe wurde faktisch zum „Gärtner der Vernunft"[6]. Dass die Autorität der Vernunft eines Tages in Gegensatz zur Autorität der Bibel und des kirchlichen Lehramts treten kann, ahnte man damals noch nicht. Es wird jedoch Wirklichkeit zu Beginn der Neuzeit. Neue naturwissenschaftliche Erkenntnisse und ein daraus erwachsendes neues Weltbild lassen die Frage auftauchen, wie sich die Autorität der Vernunft und der naturwissenschaftlichen Erkenntnisse zur Autorität der Bibel verhält. Verstärkt wird die Infragestellung in den folgenden Jahrhunderten noch durch den Aufschwung der historischen Forschung, die viele Anfragen an die historische Glaubwürdigkeit der Bibel stellt.

In diesem Kontext erhält die Rede von der Inspiration der Schrift eine neue Zielrichtung, die bis in die Theologie des 19. und des beginnenden 20. Jhds. hinein prägend sein wird: Das Nachdenken über die Inspiration der Schrift ist nun vor allem von dem Interesse geleitet, die Autorität der Schrift gegenüber allen Zweifeln und Bestreitungsversuchen zu untermauern. Weil die Schrift von Gott eingegeben ist, kann der Wahrheitsanspruch ihrer Aussagen nicht bezweifelt werden. Inspirationstheologie erhält damit eine vor allem apologetisch-defensive Zielrichtung. Man öffnet oder verschließt sich dabei in sehr unterschiedlichem Maße den Erkenntnissen der Natur- und

Geschichtswissenschaften. Es finden sich rigoristische, aber auch differenzierte Sichtweisen des biblischen Wahrheitsanspruchs. Das Verhältnis der Göttlichkeit der Schrift zu ihrer Menschlichkeit und Bedingtheit wird sehr verschieden bestimmt.

So entwickelt die altprotestantische Orthodoxie die rigoristische Theorie einer „Verbalinspiration" und einer absoluten Irrtumslosigkeit der Schrift. Der Heilige Geist hat die heiligen Schriften Wort für Wort diktiert. Für protestantische Theologen, für die die Schrift die Offenbarungsquelle schlechthin war („sola scriptura" – allein die Schrift ist maßgebend!), musste eine stichhaltige Begründung der Autorität der Schrift eine besondere Bedeutung haben.

Dabei ist das Thema „Inspiration" kein Kontroverspunkt zwischen Katholiken und Reformatoren. Es gibt zwar eine Reihe von Streitpunkten in Bezug auf die Bibel: Man streitet über den Umfang des Schriftkanons (gehören die in griechischer Sprache überlieferten alttestamentlichen Bücher dazu?), den Stellenwert einzelner Bücher im Vergleich zu anderen (so ist für Luther der Jakobusbrief eine „stroherne Epistel", weil er die Bedeutung der Werke gegenüber der Bedeutung des Glaubens zu sehr betont) und um die Frage nach dem Verhältnis von Schrift und Tradition (ist allein die Schrift maßgebend, oder gehören Schrift und Tradition zusammen?).

Interessant ist übrigens in diesem Zusammenhang, dass es sich mit Beginn der Neuzeit in der katholischen Theologie – im Gegensatz zu einem undifferenzierten Sprachgebrauch bei vielen Theologen in Altertum und Mittelalter – durchsetzt, allein bei der Bibel von göttlicher „Inspiration" zu sprechen. Den Einfluss des Heiligen Geistes auf die Entscheidungen der Konzilien und der Päpste hingegen, der sie vor Irrtum bewahrt, bezeichnet man nun als „negative Assistenz" – ein Versuch der

Unterscheidung und der Hervorhebung des besonderen Ranges der Schrift, der berechtigte reformatorische Anliegen aufgreift, sich jedoch zugleich deutlich vom reformatorischen „sola-scriptura"-Prinzip absetzt.

Im Unterschied zu diesen Kontroverspunkten gibt es bezüglich der Betonung der Inspiriertheit der Schrift keine Differenzen zwischen katholischen und protestantischen Theologen. Die Schrift ist inspiriert, und ihre Inspiration unterscheidet sie von allen anderen Texten. Im Gegensatz zum Altertum und Mittelalter wird also jetzt – bei katholischen wie bei protestantischen Theologen – „Inspiration" zum Abgrenzungsbegriff für die kanonischen Bücher. Beide Konfessionen stehen gleichermaßen vor der Herausforderung, die Autorität der Bibel gegenüber den Infragestellungen der Neuzeit zu betonen und theologisch zu begründen. So nimmt es nicht wunder, dass sich auch auf katholischer Seite die Theorie einer „Verbalinspiration" findet – am entschiedendsten vertreten von Domingo Báñez, einem spanischen Dominikanertheologen des 16. Jhds.

Genauer sollte man bei dieser Auffassung, die dem Inspirationsverständnis der altprotestantischen Orthodoxie gleicht, von „*mechanistischer* Verbalinspiration" sprechen; es wird nämlich später noch eine andere Theorie der „psychologischen Verbalinspiration" geben, die den Einfluss Gottes auf die Formulierungskraft des Autors in einem ganz anderen Sinn beschreiben wird. „Mechanistische Verbalinspiration" besagt hingegen, dass man sich die Einwirkung Gottes auf den biblischen Schriftsteller wie die eines Diktierenden zu seinem Sekretär vorstellt; man könnte also auch von einer Theorie des „göttlichen Diktats" sprechen.

Die Vertreter dieser Theorie berufen sich darauf, dass das lateinische Wort „dictare" in der Tradition häufiger auftaucht, wenn das Tun Gottes beschrieben wird. Sie übersehen jedoch,

30

dass dieses Wort in der Regel nicht als „diktieren", sondern als „eindringlich sagen" zu übersetzen ist.[7]

Daher ist es verständlich, dass die Theorie des göttlichen Diktats, der „mechanistischen Verbalinspiration" nicht im gesamten katholischen Raum Zustimmung findet. Zur gleichen Zeit entwickelt in Löwen der Jesuit Leonhard Leys (bekannt als Lessius) die Alternative einer „Real-Inspiration": Der Heilige Geist bezeugt die Richtigkeit der Inhalte (res); es ist für die göttliche Inspiration der Schrift aber nicht notwendig, dass die einzelnen Worte (verba) vom Heiligen Geist inspiriert sind. Es ist auch nicht notwendig, dass die einzelnen Wahrheiten und Aussagen unmittelbar vom Heiligen Geist dem Schreiber selbst eingegeben seien; der Autor braucht keine „neue" Erleuchtung oder direkte Offenbarung; es genügen eine besondere göttliche Anregung zum Schreiben und der Beistand Gottes beim Schreiben, der vor Irrtum bewahrt.

Beiden Richtungen geht es darum, den Wahrheitsanspruch der Bibel gegenüber den neuzeitlichen Infragestellungen zu verteidigen. Dazu scheinen sie auch allen Grund zu haben: Im Zuge der Aufklärung beginnt man nämlich, die Offenbarungsansprüche des Christentums kritisch zu überprüfen. So versucht der Hamburger Philosoph und Theologe H. S. Reimarus (1694–1768) aufzuzeigen: Die Wundererzählungen der Bibel sind in sich so widersprüchlich, dass sie für vernünftige Menschen unglaubwürdig sind. Sein Paradebeispiel ist der Durchzug der Israeliten durch das Rote Meer. Mit logistischem Scharfsinn rechnet er aus, dass eine so große Schar mit Frauen, Kindern, Greisen, Vieh und Wagen unmöglich eine so unwegsame Strecke in so kurzer Zeit zurückgelegt haben kann, wie die Bibel behauptet. Mit ähnlicher Akribie deckt er in den Ostererzählungen der Evangelien die Widersprüche zwischen den einzelnen Zeugen auf und versucht so die Auferstehung als frommen Betrug zu entlarven. Er bestreitet auf diese Weise grundlegend den übernatürlichen Charakter der Bibel und der jüdisch-christlichen Offenbarung überhaupt. Er will zwar nicht das Christentum zerstören, sondern nur die Anhänger einer „natürlichen" und „vernunftgemäßen" Religion verteidigen und ihnen einen Freiraum schaffen. Aber die Brisanz seiner Argumentation wurde von den christlichen Theologen sehr wohl erkannt.

Die Bibelkritik der Aufklärung führte zu verschiedenen Reaktionen: Evangelischerseits rückte man von der altprotestantischen Verbalinspirationslehre ab und wurde immer vorsichtiger in der Verwendung des Inspirationsbegriffs. Oftmals verstand man unter „Inspiration" nur noch die inspirierende Kraft der Schrift und scheute sich, die Bibel noch als „inspiriert" zu bezeichnen. Man sprach lieber davon, dass die Bibel die Urkunde der Offenbarung sei. – Katholischerseits versuchte man eher, den Inspirationsgedanken mit allen Mitteln zu verteidigen und mit der Inspiriertheit der Bibel den Wahrheitsanspruch der Schrift zu untermauern.

Letzteres wurde ab der Mitte des 19. Jhds. bis zur Perfektion getrieben: Die Kirche stand immer noch unter dem Schock der Französischen Revolution von 1789, die die „Göttin Vernunft" auf den Thron gehoben und die Macht des Klerus gebrochen hatte, und unter dem Schock der Säkularisation von 1803, die die jahrhundertelange Verbindung von staatlicher und kirchlicher Macht beendet hatte. Man fühlte sich bedroht, wusste sich in der Defensive, sah in der Aufklärung mit ihrer Betonung der „humanitas" (der Menschlichkeit) und der „ratio" (des Verstandes) einen Irrweg, setzte auf emotionale Frömmigkeit und Tradition, scharte sich um den Papst als Garanten der wahren kirchlichen Lehre und entwickelte eine katholische Trutzburgmentalität. Man glorifizierte das Mittelalter, orientierte sich an der Scholastik und entwickelte eine „neuscholastische" Theologie, mit deren Hilfe man die Festigkeit des Glaubens wiederzugewinnen und gegen alle Irrtümer, die ja besonders im 19. Jhd. heftigst zu wuchern schienen, zu verteidigen hoffte.

5. Das Erste Vatikanische Konzil

Die katholische Abgrenzungsmentalität prägte auch das Konzil, das Papst Pius IX. 1869 einberief: Es sollte sich mit den Zeitirrtümern, insbesondere mit dem Rationalismus auseinandersetzen und die Grundlagen des Glaubens sicherstellen. In diesem Zusammenhang werden auch die Fundorte der Glaubenswahrheiten benannt, also die Heilige Schrift und die Tradition. Im Großen und Ganzen werden allerdings nur die Bestimmungen der Konzilien von Florenz und Trient wiederholt. Auffallend ist jedoch, dass erstmals ein Konzilsdokument ausdrücklich die Inspiration der Schrift behandelt – während Florenz lediglich von der Inspiration der Heiligen des Alten und Neuen Bundes explizit gesprochen und eher implizit auch die Inspiration der Autoren der Schriften mitgemeint hatte. Hier aber wird nun ausdrücklich festgehalten: Die Bücher des Alten und Neuen Testaments hält die Kirche „nicht deshalb für heilig und kanonisch, weil sie allein durch menschlichen Fleiß zusammengestellt und danach durch ihre Autorität gutgeheißen worden wären; genau genommen auch nicht deshalb, weil sie die Offenbarung ohne Irrtum enthielten; sondern deswegen, weil sie, auf Eingebung des Heiligen Geistes geschrieben, Gott zum Urheber haben und als solche der Kirche selbst übergeben worden sind" (DH 3006).

Zwei Theorien werden mit diesem Text abgelehnt; zum einen die Auffassung: Ein biblisches Buch ist ein von Menschen geschriebenes Buch und wird dadurch Heilige Schrift, dass es durch die Kirche approbiert, also in den Kanon aufgenommen wird.[8] Dagegen erklärt das Konzil zu Recht: Eine kirchliche Entscheidung kann einer Schrift, die reines Menschenwerk ist, nicht die Qualität einer heiligen Schrift verleihen. – Zum anderen wird die Auffassung abgelehnt: Inspiration bedeutet nichts anderes, als dass die Heiligen Schriften die Offenbarung ohne Irrtum enthalten.[9] Zu Recht betont man dieser Theorie gegenüber: Dann wären auch alle Konzilentscheidungen inspiriert, denn auch sie enthalten die Offenbarung irrtumsfrei.

Was demgegenüber positiv unter Inspiration zu verstehen ist, beschreibt das Konzil nur sehr zurückhaltend mit drei Aussagen: 1. Die Bücher sind unter der Einhauchung des Heiligen Geistes geschrieben. 2. Sie haben Gott zum Urheber. 3. Sie sind als solche der Kirche übergeben.

6. Die neuscholastische Inspirationslehre

Konzilsaussagen sind im allgemeinen mit gutem Grund zurückhaltend: Sie wollen lediglich grundsätzliche Abgrenzungen vornehmen und alles andere der theologischen Diskussion überlassen. Sie benennen nur die Straßengräben, vor denen man sich hüten sollte; oder in einem anderen Bild ausgedrückt: Sie stecken nur die Grenzen des Spielfelds ab, spielen müssen andere. Die Spieler sind in diesem Fall die neuscholastischen Theologen, die in der Tat ein technisch brillantes Spiel liefern – allerdings auch manches Eigentor schießen!

Die neuscholastische Lehre wird im Folgenden etwas ausführlicher behandelt, weil sie auch heute noch in vielen Köpfen – oder noch tiefer: in vielen Herzen! – steckt, trotz der Öffnung, die das Zweite Vatikanische Konzil vollzogen hat. Zum anderen aber auch, weil sich heute ähnliche Gedanken von einer anderen Seite her hereindrängen: Fundamentalistische Kreise aus dem evangelikalen Raum vertreten ein Inspirationsverständnis, das viele Ähnlichkeiten mit der neuscholastischen Theorie aufweist – etwa die Behauptung einer absoluten biblischen Irrtumslosigkeit; und über charismatische Gruppen gelangt dieses Bibelverständnis auch in katholische Gemeinden und ihre Bibelkreise. Sich gedanklich mit der neuscholastischen Inspirationslehre auseinandergesetzt zu haben kann für manchen heutigen Bibelleser eine Hilfe sein. Wie beschreiben also die Theologen der Neuscholastik die Inspiration der Bibel?

6.1. Das „Grundmuster" der neuscholastischen Theorie

Die neuscholastischen Inspirationstraktate sind weitgehend nach dem gleichen Schema aufgebaut. Sie folgen einem charakteristischen Dreischritt:

1. Das Wesen der Inspiration:
Die göttliche Inspiration besteht darin, dass Gott a) den Verstand des Autors erleuchtet, b) seinen Willen bewegt und c) ihm bei der Ausführung so beisteht, dass dieser all das und nur das niederschreibt, was Gott geschrieben haben will. Daher ist Gott der literarische Verfasser der Schrift.

Was ist mit „literarischer Verfasserschaft" gemeint? Der Begriff stellt klar: Gottes Tätigkeit ist mehr als eine nachträgliche Approbation von Texten, die allein durch menschlichen Fleiß zustande gekommen sind. Sie geht auch über einen bloßen Anstoß zum Schreiben (Urheberschaft in einem allgemeinen Sinn) hinaus. Sie ist außerdem mehr als ein bloßer Beistand, wie ihn etwa der Professor seinem Schüler beim Abfassen einer Arbeit zukommen lässt. Auf der anderen Seite denkt aber keiner der neuscholastischen Theologen an ein göttliches Diktat, an eine „mechanistische Verbalinspiration".

Es standen sich vielmehr zwei Theorien gegenüber: die Auffassung von einer „Realinspiration" und einer „psychologischen Verbalinspiration". Was ist darunter zu verstehen?

Die jesuitische Schule – die in Deutschland weitverbreitet war – lehnte sich überwiegend an die Theorie des Lessius an und vertrat die Ansicht: Die Inhalte (res) sind von Gott inspiriert, nicht aber die Formulierungen (verba).

Die dominikanische Schule hingegen kritisierte an dieser Theorie, sie reiße „res" und „verba" künstlich auseinander, und stellte ihr die Theorie einer „psychologischen Verbalinspiration" entgegen. Diese Auffassung darf nicht mit der oben beschriebenen Auffassung einer „mechanistischen Verbalinspiration" verwechselt werden. Die Dominikaner der Neuscholastik hatten die Theologie des Thomas von Aquin wiederentdeckt („Neuthomismus") und knüpften an die Auffassung an, die Thomas von Aquin vom Zusammenwirken der göttlichen Gnade und der menschlichen Natur hatte: Was der Mensch unter der Gnade Gottes tut, ist ganz des Menschen Werk und zugleich ganz die Tat Gottes. Dementsprechend verstanden die Neuthomisten die Inspiration der Schrift so: Die Texte – sowohl die Inhalte (res) als auch die sprachlichen Formulierungen (verba) – sind ganz das Werk des Menschen und zugleich ganz das Werk Gottes.

2. Die Ausdehnung der Inspiration:
Dieses Einwirken Gottes bezieht sich auf alle Teile der Schrift. Kein Teil der Schrift, kein Aspekt der Schrift, kein Satz und kein Wort der Schrift ist davon ausgenommen.

Dabei hat man nicht nur die Infragestellung des Umfangs des Kanons durch die Reformatoren im Blick, sondern vor allem die vielfältigen Versuche aus neuerer Zeit, angesichts von historischen Unrichtigkeiten in den biblischen Büchern die Inspiration einzugrenzen.[10]Allen diesen Versuchen erteilt die neuscholastische Theologie eine klare Absage.

Schließlich läuft dann die Argumentationskette zielstrebig auf ihren Höhepunkt zu:

3. Die Irrtumslosigkeit als Folge der Inspiration:
Weil sich die göttliche Inspiration auf die gesamte Schrift erstreckt, ist die gesamte Schrift irrtumslos in religiösen und profanen Angelegenheiten. Denn Gott ist die höchste Wahrheit und kann niemals der Urheber eines Irrtums sein.

Eine kühne Schlussfolgerung! Man lehnt alle Versuche ab, den Wahrheitsanspruch der Bibel in irgendeiner Weise einzuschränken. Das trifft die bereits genannten Richtungen, die die Inspiration – und damit auch die Irrtumslosigkeit – der Schrift auf Glaubens- und Sittenfragen begrenzen wollen. Man lehnt aber auch die Versuche ab, die zwar von einer Inspiration der ganzen Schrift sprechen, aber die Irrtumslosigkeit der Schrift auf Glaubens- und Sittenfragen eingeschränkt wissen wollen. Diese Tendenz taucht in der zweiten Hälfte des 19. Jhds. auf. Unter dem Eindruck der neuen Forschungsergebnisse wurde die Frage immer bedrängender: Wie lassen sich die offenkundigen naturwissenschaftlichen und historischen Irrtümer der Bibel mit ihrer göttlichen Inspiration vereinbaren? Man versuchte eine Antwort, indem man auf die besonderen literarischen Formen des Alten Orients hinwies: Diese – so hatte man entdeckt – lehren weniger Geschichte und mehr Theologie, als bisher angenommen. Zum anderen aber verwies man darauf, dass es der Zweck der Bibel sei, die Heilswahrheit zu lehren, und nur in dieser Hinsicht könne sie Irrtumsfreiheit beanspruchen.

Unter den Vertretern dieser Richtung gab es zwar einzelne Theologen, die extreme Positionen vertraten. So erklärte z. B. A. Loisy: Man kann nur von einer „relativen Wahrheit" der Bibel sprechen; denn ein absolut wahres Buch für alle Zeiten wäre auch für alle Zeiten unverstehbar. Die Irrtümer sind nichts anderes als der relative und unvollkommene Aspekt des Buches. Die meisten Theologen jedoch versuchten sehr behutsam zu differenzieren: So unterscheidet z. B. J. H. Newman zwischen dem formell Ausgesagten und dem nur beiläufig Erwähnten (obiter dicta); nicht alles, was beiläufig erwähnt ist, kann denselben Wahrheitsanspruch erheben wie das formell Ausgesagte. Oder der französische Jesuit Ferdinand Prat weist darauf hin, es gebe manchmal in der Bibel „implizite Zitate" (citationes implicitae): Wir Heutigen sind es gewohnt, dass ein Autor aus einer Quelle eine Aussage übernimmt und diese als Zitat kennzeichnet. Biblische Autoren übernehmen jedoch oftmals Texte, ohne diese als Zitat kenntlich zu machen, aber auch ohne deren Inhalt formell lehren zu wollen; und solche Sätze unterliegen nicht unbedingt dem Wahrheitsanspruch der Bibel. Theologen wie J. H. Newman und F. Prat denken vom *Ziel* der Inspiration her: der Offenbarung der *Heils*wahrheit. Von da aus halten sie eine Relativierung naturwissenschaftlicher und historischer Aussagen der Bibel für möglich.

Dabei wollen diese Theologen keineswegs religiöse und profane Wahrheiten exakt trennen und letzteren den Wahrheitsanspruch generell absprechen. Die meisten betonen durchaus, dass historische Aussagen oftmals einen Bezug zu Heilswahrheiten aufweisen. Jedoch kann das nicht von vornherein von allen biblischen Äußerungen über Fakten der Geschichte in gleichem Maße behauptet werden. Ein Beispiel: Der Heilswahrheit von der Erlösung durch das Kreuz Jesu wäre jegliches Fundament entzogen, wenn Jesu Tod am Kreuz nicht historisch wäre. Anders aber verhält es sich mit einer unzutreffenden historischen Angabe in Mk 3,26: Dort wird Jesus von seinen Gegnern zur Rede gestellt, weil seine Jünger am Sabbat Ähren rupfen. Jesus verteidigt sich, indem er darauf verweist, dass David einmal aus Hunger aus dem Haus Gottes die heiligen Brote genommen und gegessen hat. Dies habe sich (so erklärt Markus) zur Zeit des Hohenpriesters Abjatar ereignet – was aber historisch nachgewiesenermaßen nicht stimmt. Diese historische Unrichtigkeit tangiert in keiner Weise die Aussage der Stelle und berührt keine Heilswahrheit. Warum soll sie den Wahrheitsanspruch der Bibel in Frage stellen?

Doch auch die Behutsamkeit der Vertreter dieser Ansätze stoßen auf schroffste Ablehnung in den neuscholastischen Inspirationstraktaten; und viele von ihnen werden im Zuge der Antimodernistenkampagne Pius X.' ins kirchliche Abseits gestellt. Nach 1910 beherrscht die These von der absoluten Irrtumslosigkeit der Schrift in allen religiösen und profanen Angelegenheiten völlig das Feld.

6.2. Berechtigte Anliegen – ungeeignete Wege: die Schwächen der neuscholastischen Inspirationstheologie

Wie ist die neuscholastische Inspirationslehre zu beurteilen? Zunächst gilt es, das berechtigte Anliegen zu würdigen: Es geht den neuscholastischen Theologen um die Verteidigung der Autorität und des Wahrheitsanspruchs der Bibel gegenüber allen zeitgenössischen Versuchen, den Anspruch der Bibel zu relativieren. Die Bibel ist nicht bloßes Menschenwerk und nicht nur ein Dokument religiöser Erfahrung unter vielen anderen. Sie ist vielmehr verlässliche Grundlage für den glaubenden Menschen. Außerdem gilt es die theologische Leistung der neuscholastischen Theologie anzuerkennen: Es handelt sich um den wohl imponierendsten Versuch in der Theologiegeschichte, die Lehre über die Schriftinspiration zusammenzufassen, zu bündeln und zu systematisieren. Die begriffliche Klarheit und der logische Scharfsinn, mit denen ihre Vertreter das Thema abhandeln, sind bewundernswert.

Gleichzeitig können jedoch die Schwächen dieser Theologie nicht übersehen werden:

1. Die neuscholastischen Theologen treten mit dem Anspruch auf, *die* katholische Lehre von der Inspiration der Schrift wiederzugeben. Was damit nicht im Einklang steht, ist der Häresie verdächtig. Lässt sich dieser Alleinvertretungsanspruch begründen? Die Neuscholastik belegt alle ihre Aussagen mit Aussagen von Theologen des Altertums, des Mittelalters und des kirchlichen Lehramts. Ist sie aber deshalb identisch mit *der* kirchlichen Lehre über die Schriftinspiration?

Wie steht es z. B. mit der absoluten Irrtumslosigkeit der Schrift, die die neuscholastischen Theologen als verbindliche kirchliche Lehre hinstellen? Sie zitieren gerne Augustinus, der von sich sagt, er glaube felsenfest, dass keiner der Verfasser sich beim Schreiben geirrt habe. Wenn er auf eine Stelle stoße, die der Wahrheit zu widersprechen scheine, so gehe er davon aus, dass die Abschrift fehlerhaft oder der Übersetzer ungenau sei oder dass er selbst nicht verstanden habe.[11] Andererseits nimmt jedoch derselbe Augustinus an anderer Stelle profane Wahrheiten von der Irrtumslosigkeit aus: „Im Evangelium steht nicht zu lesen, der Herr habe gesagt: Ich sende euch den Beistand, der euch über den Lauf der Sonne und des Mondes unterrichten soll. Er wollte uns zu Christen machen und nicht zu Sternkundigen."[12] Und an anderer Stelle schreibt er: „Unsere Autoren haben das über die Gestalt des Himmels gewusst, was mit der Wahrheit im Einklang steht, aber der Geist Gottes, der durch sie sprach, wollte nicht die Menschen über das belehren, was keinen Nutzen für ihr Heil hat."[13] Es ist also äußerst problematisch, die Irrtumslosigkeit der Bibel in allen religiösen und profanen Fragen als kirchliche Lehre hinzustellen.

Hier wird das problematische Grundmuster des neuscholastischen Denkens sehr deutlich: Man wählt aus der kirchlichen Tradition selektiv Bausteine aus und fügt sie zu einem vermeintlich schlüssigen System zusammen. Von diesem behauptet man dann, es gebe die kirchliche Lehre wieder; und jeder, der anders denke, sei ein Häretiker.

2. Die neuscholastischen Inspirationstraktate nennen als Folge der Inspiration in der Regel nur einen einzigen Punkt: die Irrtumslosigkeit der Schrift. Hatte man im Mittelalter mit der Inspiration der Schrift die Heilswirksamkeit der Bibel begründet, so geht es jetzt nur noch um ihre theologische Beweiskraft. Die Inspirationslehre hat hier fast nur noch eine apologetisch-defensive Zielrichtung: die Verteidigung des Wahrheitsanspruchs der Schrift. Der spirituell-pastorale Kontext der Inspirationsaussagen, der im Altertum und Mittelalter so prägend war, ist kaum noch von Bedeutung. Die neuscholastischen Theologen betrachten die Bibel, als sei sie ein reines Lehrbuch und lediglich Fundgrube von Argumenten für die intellektuelle Auseinandersetzung. Die Weite der patristischen und scholastischen Inspirationsaussagen ist aufgegeben, die Bibel wird nur noch unter dem doktrinär-intellektuellen Aspekt betrachtet.

3. Dem liegt ein ebenso verengtes Offenbarungsverständnis zugrunde: Offenbarung wird als göttliche Belehrung verstanden. Gott teilt Satzwahrheiten über natürliche und übernatürliche Sachverhalte mit. Diese Sätze fordern Zustimmung auf

Grund der Autorität Gottes, der sie mitteilt, weniger auf Grund ihres Inhalts. Grundsätzlich wären in diesem Modell alle möglichen Inhalte denkbar – entscheidend ist nur, dass hinter ihrer Mitteilung göttliche Autorität steht. In der alten Kirche, ja bis ins Mittelalter hinein herrschte ein anderes Offenbarungsverständnis vor: Gott zeigt sich in der Geschichte als ein Gott, der zum Heil der Menschen handelt. Selbstverständlich gehört zu diesem Heilshandeln Gottes auch eine lehrhaft-intellektuelle Komponente: Was Gott tut, will auch gedanklich durchdrungen werden; Gottes Handeln impliziert immer auch bestimmte Satzwahrheiten, die über Gott ausgesagt werden können – etwa dass er die Liebe ist, dass er dreifaltig ist usw. Aber diese sind ein Aspekt der Offenbarung und nicht das Ganze der Offenbarung.

4. Problematisch ist auch der zugrundeliegende Wahrheitsbegriff. Die neuscholastischen Theologen fragen nicht: Was versteht die Schrift selber unter „Wahrheit"? In welchem Sinne will dementsprechend die Bibel selber „wahr" sein? Sie geht einfach vom Wahrheitsbegriff der abendländischen philosophischen Tradition aus: Wahrheit ist Übereinstimmung des erkennenden Verstandes mit der Sache (adaequatio intellectus et rei). Damit geht der Blick von vornherein auf die Wahrheit des formalen Satzes, auf die Richtigkeit von Aussagen. Bezeichnend ist in diesem Zusammenhang, dass die Neuscholastik normalerweise gar nicht von „Wahrheit" redet, sondern fast immer von „Irrtumslosigkeit". Dass es im biblischen Verständnis der „Wahrheit" auch immer um die personale Zuwendung und Treue Gottes geht, kommt nicht mehr in den Blick. Der verwendete Wahrheitsbegriff ist so abstrakt, dass er sich gleichermaßen auf die verschiedensten Dinge beziehen lässt. Dadurch liegt die Versuchung nahe, dass man diese verschiedenen „Dinge" auf eine Stufe stellt und nicht mehr differenziert: Religiöse

und profane Wahrheit werden so behandelt, als ob zwischen ihnen keinerlei Unterschied bestünde.

Zum anderen geht die Neuscholastik vom Wahrheitsverständnis der neuzeitlichen Geschichtsschreibung aus, der es um zutreffende, exakte Informationen über historische Fakten geht. Weil man dieses Verständnis voraussetzt, kommt man dazu, die Bedeutung der Irrtumslosigkeit der Bibel in geschichtlichen Fragen bei weitem zu überschätzen: Die Verlässlichkeit der Bibel in der Wiedergabe historischer Fakten wird zum zentralen Punkt, an dem sich die Verlässlichkeit der Bibel überhaupt entscheidet. Man übersieht dabei: Selbst wenn man nachweisen könnte, dass die Bibel alle historischen Fakten exakt wiedergibt, wären damit noch nicht die Glaubensinhalte bewiesen! Denn Glaube hat immer mit einer bestimmten Deutung der Fakten zu tun, nicht allein mit den historischen Fakten selber. Ist die unerwartete Rettung der Israeliten am Schilfmeer Zufall oder Handeln Gottes? Das ist keine Frage der historischen Faktizität, sondern der gläubigen Deutung. Die Differenzierung zwischen geschichtlichem Faktum und heilsgeschichtlicher Deutung wird von der Neuscholastik zu wenig beachtet.

5. Die neuscholastischen Theologen gehen von der Voraussetzung aus: Lässt sich in irgendeinem Punkt ein Irrtum der Bibel nachweisen, dann fällt ihr Wahrheitsanspruch insgesamt. Ein merkwürdiges „Alles-oder-Nichts"-Denkschema! So argumentiert J. B. Heinrich gegen Ende des 19. Jhds.: „Man sagt, jene Dinge, worin die heiligen Schriftsteller hätten irren können, seien für das Dogma und Sittengesetz indifferent. *Aber wo ist hier die Grenze?* Wie leicht wird man dann auch solche Punkte für indifferent und irrig halten, die allerdings das Dogma und das Sittengesetz unmittelbar berühren? In Wirklichkeit ist am Worte Gottes *nichts bedeutungslos*; oft dienen

scheinbar unbedeutende Umstände zu einer Beleuchtung wichtiger christlicher Wahrheiten, eben deshalb, weil auch diese geringfügigen Umstände unter dem Einflusse des heiligen Geistes niedergeschrieben sind ... *Es ist daher unmöglich, dass der heilige Geist irgendwelche Irrtümer auch in Nebendingen im Worte Gottes zuließ, weil sie dessen göttlichen Charakter und principalen Inhalt notwendig beschädigen müssten.*"[14] Diese pauschale Argumentation nimmt offenbar die zu dieser Zeit bereits vorliegenden differenzierenden Ansätze – etwa eines Kardinal Newman – überhaupt nicht zur Kenntnis. Dass sich die neuscholastische Theologie dieser Differenzierung hartnäckig verweigerte, ist ein Phänomen, das sich wohl nicht mehr rational erklären lässt. Es muss ein fundamentales Gefühl des Bedrohtseins im Spiel gewesen sein, es müssen tiefsitzende irrationale Ängste wirksam gewesen sein, die die Schultheologie und die römischen Behörden dazu bewogen haben, uneinsichtig an ihren rigorosen Positionen festzuhalten.

6. Die neuscholastische Inspirationslehre erweckt auf den ersten Blick den Eindruck einer großartigen Schlüssigkeit und inneren Logik. Diese Stimmigkeit ist jedoch nur im abstrakten Reden über die Bibel gegeben. Sobald sich die neuscholastischen Theologen mit dem biblischen Text selber befassen und mit dessen Schwierigkeiten konfrontiert sind, zeigt sich sehr bald das Ungenügen dieser Theorie. Einige Beispiele können dies illustrieren:

– Ch. Pesch schreibt über Schwierigkeiten der Bibel auf naturwissenschaftlichem Gebiet: Gott kann zwar nichts Falsches sagen, aber doch zulassen, dass das von ihm Gesprochene verkehrt wiedergegeben wird – allerdings nur dort, wo es nicht um das Heil der Menschen geht, z. B. bei der Größe eines Heeres oder der Regierungszeit eines Königs.[15] – Der Leser nimmt mit Verwunderung zur Kenntnis:

Also sind bestimmte Stellen doch nicht von Gott verursacht, sondern nur zugelassen? Ist er also doch nicht, wie vorher behauptet, der Urheber aller Teile der Schrift? – Für S. Tromp ist es eine Gotteslästerung zu behaupten, von Gott könne auch nur der kleinste Irrtum ausgehen. Und er lehnt es ab, die Schwierigkeiten der biblischen Texte dadurch zu lösen, dass man von dem Prinzip ausgeht: Man darf nicht so sehr auf das schauen, *was* Gott sagt, sondern *wozu* er es sagt. Dann jedoch schreibt er über die Stelle Mt 27,9, an der der Evangelist Jeremia und Sacharja verwechselt: Matthäus hat – wie schon Augustinus erklärt hat – unter dem Einfluss des Heiligen Geistes „Jeremia" geschrieben, um zu zeigen, dass alle Propheten im göttlichen Geist gleichsam eine Einheit bilden.[16] – Gott verursacht also doch manchmal einen Irrtum, wenn dieser einem höheren Ziel dient?

Schon diese beiden Beispiele zeigen: In ihrem Bemühen, ihre Theorie mit schwierigen Bibelstellen in Einklang zu bringen, verwickeln sich die neuscholastischen Theologen in Widersprüche. Die zentralen neuscholastischen Aussagen zur Inspiration und Irrtumslosigkeit der Schrift lassen sich offenbar nicht durchhalten, wo sie sich am konkreten Bibeltext bewähren müssen.

Welchen Einfluss hatte die neuscholastische Inspirationslehre? Es wurde bereits erwähnt, dass sie bis in die Mitte des 20. Jhds. die beherrschende Theorie war, durch die alle Theologen, die anders dachten, in die Defensive kamen und gezwungen waren, ihre Rechtgläubigkeit unter Beweis zu stellen. Sie hat auch maßgeblich die drei großen päpstlichen Bibelenzykliken geprägt, die zwischen dem Ersten und dem Zweiten Vatikanum entstanden. Diese wiederum haben die neuscholastischen

Theologen in ihrer Rigorosität einerseits bestärkt, andererseits aber auch bereits eine vorsichtige Öffnung rigider Positionen vorbereitet. Auf sie soll deshalb ein kurzer Blick geworfen werden.

7. Die päpstlichen Bibelenzykliken

In seiner Enzyklika „Providentissimus Deus" (1893) schärft Leo XIII. nachdrücklich die absolute Irrtumslosigkeit der Bibel ein: Dem biblischen Autor einen Irrtum zuzuschreiben ist ein Frevel. Die Inspiration darf auch nicht auf Glaubens- und Sittenfragen eingeschränkt werden. Wer dies tut, ist der irrigen Meinung, es sei dort, wo es um die Wahrheit von Aussagen geht, nicht so sehr zu fragen, *was* Gott gesagt habe, sondern *warum* er es gesagt habe. Gott kann niemals Urheber eines Irrtums sein.

Dann aber weist der Papst einen Weg zum Umgang mit Schwierigkeiten auf naturwissenschaftlichem Gebiet: Man bedenke, „dass die heiligen Schriftsteller oder besser ,der Geist Gottes, der durch sie redete, dies (nämlich die innerste Beschaffenheit der sichtbaren Dinge) die Menschen nicht lehren wollte, da es niemandem zum Heile nützen sollte'; dass sie daher, statt geradewegs Naturforschung zu betreiben, die Dinge selbst bisweilen lieber entweder in einer gewissen Art von Übertragung beschreiben und abhandeln, oder wie es die alltägliche Sprache in jenen Zeiten mit sich brachte und heute bei vielen Dingen im täglichen Leben selbst unter den gebildetsten Menschen mit sich bringt. Da mit der Volkssprache aber dies zunächst und im eigentlichen Sinne ausgedrückt wird, was unter die Sinne fällt, hat sich in gleicher Weise der heilige Schriftsteller … ,an das gehalten, was sinnenfällig erscheint', bzw. was

Gott selbst, zu den Menschen redend, entsprechend ihrem Fassungsvermögen auf menschliche Weise äußerte"[17]. Mit dem Hinweis auf die volkstümliche Redeweise der biblischen Autoren und ihre Orientierung am sinnenfälligen Augenschein sollen also die Probleme auf naturwissenschaftlichem Gebiet behoben werden. Anschließend erklärt der Papst: „Sodann wird es nützlich sein, ebendies auf verwandte Wissenschaften, vor allem auf die G e s c h i c h t e , zu übertragen."[18]

Diese Übertragung versucht in den folgenden Jahren der Jesuit und Exeget Franz von Hummelauer: Auch im Bereich der Geschichte – so argumentiert er – gibt es eine Darstellung nach dem Augenschein: Ein biblischer Autor stellt Geschehnisse nach Quellen dar, die nach heutigen Erkenntnissen Irrtümer enthalten; verbürgt ist jedoch nur die Übereinstimmung der Darstellung mit den Quellen.

Er wird jedoch durch die zweite der großen Bibelenzykliken zurechtgewiesen: Papst Benedikt XV. kritisiert 1920 in „Spiritus Paraclitus" die allzu weitherzige Interpretation der Aufforderung seines Vorgängers: „Wo ist denn eine Ähnlichkeit der Naturdinge mit der Geschichte? Die Naturbeschreibung gibt sich mit dem ab, was sich den Sinnen darbietet, und muss daher mit dem Erscheinungsbild übereinstimmen. Oberstes Gesetz der Geschichte aber ist es, dass der niedergeschriebene Bericht den Tatsachen, wie sie wirklich geschehen sind, entspricht. Wenn man einmal jenen Standpunkt einnimmt, wie soll dann die Wahrheit der heiligen Erzählung unverletzt von jeglichem Irrtum feststehen, die Wahrheit, die man nach der Erklärung unseres Vorgängers, wie es im gesamten Verlauf seines Rundschreibens offenkundig ist, festhalten muss? Wenn er behauptet, dieselben Grundsätze, die in der Naturbeschreibung zulässig sind, könnten mit Nutzen auf die Geschichte und die ihr verwandten Wissensgebiete Anwendung finden, so hat er das doch nicht allgemeingültig aufgestellt, sondern er fordert nur dazu auf, in ähnlicher Weise voranzugehen, um die Trugschlüsse der Gegner zu widerlegen und die historische Treue der Schrift vor deren Angriffen zu schützen."[19] Auch die Erforschung der literarischen Gattungen wird negativ qualifiziert, genauso wie die Theorie von den impliziten Zitationen.

Ein Umschwung erfolgt erst in der dritten Bibelenzyklika: Pius XII. unterstreicht 1943 in „Divino afflante Spiritu" zwar zunächst die Irrtumslosigkeit der Schrift auf allen Gebieten und bekennt sich ausdrücklich zum Anliegen Leos XIII. Dann jedoch folgen Äußerungen, die aufhorchen lassen: Der Exeget soll, um den wahren Sinn eines biblischen Textes herauszufinden, die literarischen Gattungen beachten: „Der Exeget muss sozusagen ganz im Geiste zurückkehren in die fernen Jahrhunderte des Orients, um mit Hilfe der Geschichte, der Archäologie, der Völkerkunde und anderer Wissenszweige genau zu bestimmen, welche ‚literarischen Gattungen' die Schriftsteller jener Zeit anwenden wollten und tatsächlich angewandt haben. Die alten Orientalen bedienen sich nämlich zum Ausdruck ihrer Gedanken nicht immer der gleichen Formen und Sprechweisen wie wir, sondern vielmehr derjenigen, welche bei den Menschen ihrer Zeit und ihres Landes üblich waren. Worin diese Formen bestanden, vermag der Exeget nicht a priori festzustellen, sondern nur mittels einer sorgfältigen Durchforschung der orientalischen Literatur."[20] Er erklärt sogar, diese Erforschung der literarischen Gattungen könne nicht ohne Schaden für die Exegese vernachlässigt werden – ein wichtiges befreiendes Signal für die biblische Forschung!

8. Das Zweite Vatikanische Konzil

Die Überwindung der Verhaftung der lehramtlichen Dokumente an die neuscholastische Inspirationslehre gelingt jedoch erst im Zweiten Vatikanischen Konzil – nach einer dramatischen Auseinandersetzung! Am Anfang des Konzils steht nämlich der Versuch der vorbereitenden Theologischen Kommission um Kardinal Ottaviani und Sebastian Tromp – dem Verfasser des damals renommiertesten neuscholastischen Inspirationstraktats! –, die neuscholastische Inspirationstheologie in ihren Grundzügen konziliar bestätigen zu lassen. Das von ihnen in die erste Session eingebrachte Schema „De fontibus revelationis" (Über die Quellen der Offenbarung) ist ganz der traditionellen Theologie verhaftet. Es kommt aber sofort zu einer harten Konfrontation: Die Kardinäle Liénart, Frings, Léger, König, Alfrink, Suenens, Ritter und Bea geben ein vernichtendes Urteil über den Entwurf ab: zu schulhaft, zu negativ im Ton, zu wenig pastoral, zu wenig ökumenisch – also ganz unvereinbar mit den Grundanliegen, die Papst Johannes XXIII. bei der Eröffnung des Konzils vorgegeben hat. Der Papst setzt eine neue, gemischte Kommission ein, in die das Einheitssekretariat mit Kardinal Bea einbezogen wird. Sie sollen ein neues, kürzeres Schema vorlegen, das pastoral ausgerichtet ist und keinen verurteilenden Grundton hat. Der neue Text durchläuft mehrere Stadien auf Grund der Diskussionen in der Konzilsaula. Am Ende steht die Dogmatische Konstitution über die göttliche Offenbarung „Dei Verbum" (DV). Sie ist für das Thema „Schriftinspiration" von großer Bedeutung:

1. Auffallend ist bereits der Kontext der Aussagen über die Inspiration: Der Text beginnt mit einer Beschreibung der göttlichen Offenbarung, die aufhorchen lässt. Die göttliche Offen-

barung wird nicht primär als Mitteilung von Satzwahrheiten beschrieben, sondern als personal-dialogisches Geschehen: „In dieser Offenbarung redet der unsichtbare Gott aus überströmender Liebe die Menschen an wie Freunde und verkehrt mit ihnen, um sie in seine Gemeinschaft einzuladen und aufzunehmen" (DV 2). Man beschreibt also Offenbarung als ein kommunikatives Begegnungsgeschehen. Es geht um ein Handeln Gottes, es geht um eine Beziehung, und es geht um unser Heil. „Das Offenbarungsgeschehen ereignet sich in Tat und Wort, die innerlich miteinander verknüpft sind: die Werke nämlich, die Gott im Verlauf der Heilsgeschichte wirkt, offenbaren und bekräftigen die Lehre und die durch die Worte bezeichneten Wirklichkeiten; die Worte verkündigen die Werke und lassen das Geheimnis, das sie enthalten, ans Licht treten" (ebd.). Tat und Wort, Geschehen und Deutung, Handlung und Lehre gehören also untrennbar zusammen. „Die Tiefe der durch diese Offenbarung über Gott und über das Heil der Menschen erschlossenen Wahrheit leuchtet uns auf in Christus, der zugleich der Mittler und die Fülle der ganzen Offenbarung ist" (ebd.).

2. Ebenso fällt auf, dass in ganz anderer Weise als in den neuscholastischen Traktaten über die Schrift geredet wird: Bei der ersten Erwähnung der inspirierten Schrift wird hervorgehoben, dass Apostel und apostolische Männer „die Botschaft vom Heil niederschrieben" (DV 7). Auch hier wird von Anfang an ein soteriologischer (Soteriologie = Lehre vom Heil) Akzent gesetzt. Vor allem das Schlusskapitel hebt diesen Aspekt dann ganz deutlich hervor: Die Schrift wird immer wieder unter dem Bild der Nahrung beschrieben (DV 21.23.24). Der personal-dialogische Aspekt wird unterstrichen: „In den Heiligen Büchern kommt ja der Vater, der im Himmel ist, seinen Kindern in Liebe entgegen und nimmt mit ihnen das Gespräch

auf" (DV 21). Ebenso wird die Heilskraft der Schrift betont: „Und solche Gewalt und Kraft west im Worte Gottes, dass es für die Kirche Halt und Leben, für die Kinder der Kirche Glaubensstärke, Seelenspeise und reiner, unversieglicher Quell des geistlichen Lebens ist" (ebd.). Man fühlt sich an die Äußerungen aus patristischer und mittelalterlicher Zeit erinnert, die in leuchtenden Bildern von der Lebendigkeit und Wirkkraft der Schrift erzählen. Hier ist die Schrift nicht primär als Fundgrube geoffenbarter Satzwahrheiten und Ausgangspunkt theologischer, vor allem apologetisch-defensiver Argumentation verstanden, sondern in einem umfassenden Sinn als Lebensbuch der Kirche und des Einzelnen.

3. Sieht man nun die Aussagen des Konzils speziell zur Inspiration an, so fällt eine große Zurückhaltung auf: Man verzichtet darauf, die neuscholastische Definition des Inspirationsvorgangs zu übernehmen. Man erklärt lediglich: „Das von Gott Geoffenbarte, das in der Heiligen Schrift enthalten ist und vorliegt, ist unter dem Anhauch des Heiligen Geistes aufgezeichnet worden; denn auf Grund apostolischen Glaubens gelten unserer heiligen Mutter, der Kirche, die Bücher des Alten wie des Neuen Testamentes in ihrer Ganzheit mit allen ihren Teilen als heilig und kanonisch, weil sie, unter der Einwirkung des Heiligen Geistes geschrieben, Gott zum Urheber haben und als solche der Kirche übergeben worden sind" (DV 11). Man will das Faktum der Inspiration festhalten, aber sich auf keine Schulmeinung festlegen. Man greift lediglich die Formulierung des Ersten Vatikanums auf: Die Schriften sind unter dem Anhauch des Geistes entstanden, haben Gott zum „auctor" (es bleibt offen, wie weit diese Urheberschaft Gottes geht) und sind als solche der Kirche übergeben.

4. Bezüglich des Verhältnisses zwischen Gott und den Hagiographen fällt auf: Die scholastischen Begriffe „auctor principa-

lis" und „auctor instrumentalis" werden vermieden. Stattdessen wird erklärt: „Zur Abfassung der Heiligen Bücher hat Gott Menschen erwählt, die ihm durch den Gebrauch ihrer eigenen Fähigkeiten und Kräfte dazu dienen sollten, all das und nur das, was er – in ihnen und durch sie wirksam – geschrieben haben wollte, als echte Verfasser schriftlich zu überliefern" (DV 11). Das Bedeutsamste an diesem Satz ist die Formulierung: „echte Verfasser" (veri auctores). Dass die göttliche Inspiration die Eigentätigkeit der Schriftsteller nicht schmälert, wurde bisher noch in keinem lehramtlichen Dokument so deutlich betont: Sie sind echte Verfasser, so wie es auch andere Autoren hinsichtlich ihrer Schriften sind. Das hebt auch der spanische Bischof Flores Martin in seiner Konzilsrede vom 5.10.1964 ausdrücklich hervor, als er für diese Formulierung kämpft: Die Hagiographen handeln nicht als Automaten; sie sind in einem so eigentlichen Sinn und so vollständig die Verfasser dessen, was sie schreiben, wie wir Verfasser des von uns Geschriebenen sind.[21]

5. Den bedeutsamsten Schritt über die neuscholastische Inspirationslehre hinaus tut das Konzil jedoch in der Frage der Irrtumslosigkeit der Schrift. Der neue Text lautet: „Da also alles, was die inspirierten Verfasser oder Hagiographen aussagen, als vom Heiligen Geist ausgesagt zu gelten hat, ist von den Büchern der Schrift zu bekennen, dass sie sicher, getreu und ohne Irrtum die Wahrheit lehren, die Gott um unseres Heiles willen in heiligen Schriften aufgezeichnet haben wollte" (DV 11). Es fällt auf, dass nicht mehr der negative Begriff „Irrtumslosigkeit" (dieser taucht nur noch als adverbiale Bestimmung auf: „ohne Irrtum") im Zentrum steht, sondern der positive Begriff der „Wahrheit". Vor allem aber: Von welcher Art diese „Wahrheit" ist, wird näher durch den Relativsatz bestimmt: „die Gott um unseres Heiles willen ... aufgezeichnet haben wollte". Hin-

ter dieser Formulierung steht eine lange Diskussion: Kardinal König führt in einer berühmten Rede am 2. 10. 1964 eine ganze Liste offenkundiger historisch unzutreffender Angaben der Bibel an. Eine Reihe von Vätern schlägt vor, statt von „Wahrheit" lieber von „Offenbarung" oder „Heilswahrheit" zu reden. Gegen letztere Formulierung erhebt sich jedoch Widerstand. Man fürchtet, durch diese Formel würden die profanen Wahrheiten generell aus dem Wahrheitsanspruch der Bibel herausgenommen. Die Theologische Kommission erklärt zwar ausdrücklich, dass in dieser Formulierung die Geschehnisse mitgemeint sind, die in der Heiligen Schrift mit der Heilsgeschichte verbunden sind. Man ist sich also wohl bewusst: Weil das Heil sich in der Geschichte ereignet, lassen sich historische Fakten nicht generell von der Heilswahrheit trennen. Als sich schließlich der Papst hinter das Anliegen der Kritiker stellt, wird die Relativsatz-Konstruktion entwickelt. Nun ist deutlich, dass es nicht um eine Trennung zweier verschiedener Arten von Wahrheiten geht, sondern um die Beschreibung der *Perspektive*, unter der der Wahrheitsanspruch der Schrift zu sehen ist: Die Aussagen der Schrift sind wahr, insofern es um unser Heil geht.

Damit wird auch der Inspirationsgedanke in eine soteriologische Perspektive hineingestellt: Wie in den Aussagen der Offenbarungskonstitution über die Offenbarung und über die Heilige Schrift wird auch hier betont: Es geht um das Heil des Menschen! Dazu passt auch, dass an den Satz über die Wahrheit der Schrift das Zitat 2 Tim 3,16–17 angefügt wird: Die ur- und altkirchliche Perspektive ist wiederentdeckt. Die Rede von der Inspiration ist aus der apologetisch-defensiven Engführung herausgeholt, die intellektuell-dogmatische Fixierung ist aufgebrochen, der Inspirationsgedanke steht wieder – wie in alter Zeit – in einem spirituellen, pastoral-soteriologischen Kontext.

Festzuhalten bleibt also: Das Zweite Vatikanum lehnt es ab, die neuscholastische Inspirationslehre in den Rang einer Konzilsaussage zu erheben. Es orientiert sich an den biblischen und patristischen Ursprüngen. Es stellt den Inspirationsgedanken in die größere Perspektive des Heiles des Menschen. Es konzentriert sich auf einige zentrale Punkte des Inspirationsgedankens. Einzelfragen werden offengelassen. Das Zweite Vatikanum entwickelt keine neue Inspirationslehre, aber es öffnet durch seine Zurückhaltung die Tür für Neukonzeptionen. Um diese geht es im folgenden Kapitel.

2.
Wie heutige Theologie über die Inspiration der Schrift denkt – ein „Rundflug" über die Theologie der letzten Jahrzehnte

Das Zweite Vatikanum hat die neuscholastische Inspirationslehre nicht „abgeschafft" oder verurteilt. Aber es hat ihr ihre Monopolstellung genommen und sie auf den Platz verwiesen, der ihr zukommt: Sie ist ein beeindruckender, aber zeitbedingter und mit vielen Grenzen behafteter Versuch, die göttliche Herkunft der Schrift denkerisch zu durchdringen. Das Konzil hat Neukonzeptionen Raum gegeben und die Tür geöffnet, dass diese sich entfalten konnten.

Überblickt man die vielen Aufsätze und Bücher, die seit dem Zweiten Vatikanum über die Schriftinspiration geschrieben worden sind, so fällt auf, dass sie oftmals auf Neuansätzen aufbauen, die bereits in der Konzilszeit oder schon vor dem Konzil entwickelt worden sind. Das ist nicht verwunderlich. Konzilsentscheidungen fallen ja nicht vom Himmel. Sie sind vorbereitet durch theologische Denkbemühungen. Auch die Neuorientierung der Inspirationstheologie im Zweiten Vatikanum wäre nicht möglich gewesen ohne die Neukonzeptionen, die bereits vor dem Konzil entstanden sind. Das Konzil hat diejenigen ermutigt, die diese Neukonzeptionen entwickelt haben – und zunächst oftmals einen schweren Stand hatten angesichts von Diffamierungen seitens neuscholastischer Schultheologie und angesichts von Restriktionen römischer Behörden. Und es hat die Tür geöffnet zu weiteren Denkbemühungen,

55

die oftmals auf den bereits vor dem Konzil entwickelten Neukonzeptionen aufbauen. Daher wird im folgenden Kapitel nicht getrennt zwischen denjenigen Neuentwürfen, die bereits vor dem Konzil entstanden sind, die Entwicklung der Diskussion auf dem Konzil beeinflusst haben und durch das Konzil eine gewisse Legitimation erfahren haben, und denjenigen Neukonzeptionen, die aus späteren Jahrzehnten stammen.

Der Schwerpunkt der folgenden Übersicht liegt bei katholischen Autoren; denn die Frage wird hier häufiger thematisiert als im protestantischen Bereich, in dem seit der liberalen Bibelkritik der Aufklärung der Inspirationsgedanke in den Hintergrund getreten war und er heute oftmals nur sehr vorsichtig zur Sprache gebracht wird. Das bedeutet keine Abwertung gegenwärtigen protestantischen Inspirationsdenkens. Oftmals konvergieren protestantische und katholische Auffassungen, und mancher katholische Autor verdankt Theologen aus dem protestantischen Raum wertvolle Impulse. Nicht berücksichtigt wird allerdings die Diskussion im evangelikal-fundamentalistischen Raum, in dem die Fragen der Inspiration und Wahrheit der Schrift ein viel diskutiertes Reizthema sind; die Literatur ist uferlos und erforderte eine eigene Darstellung.

Grob vereinfacht lassen sich drei Ansätze in der gegenwärtigen theologischen Bemühung um die Schriftinspiration unterscheiden:

Eine Gruppe von Autoren fragt: Lässt sich Gottes Einwirken auf die Entstehung der Schrift besser verstehen, wenn man den Prozess der Entstehung einer Glaubensgemeinschaft (Volk Israel / Kirche) insgesamt in den Blick nimmt? Sie setzen also bei der Konstituierung der Glaubensgemeinschaft an; man könnte von einem „sozial-ekklesialen" Ansatz sprechen.

Eine zweite Gruppe fragt: Lässt sich das Geheimnis der Inspiration der Schrift besser verstehen, wenn man davon ausgeht, dass die Bibel Literatur ist, und man deshalb Erkenntnisse der Sprach- und Literaturwissenschaft einbezieht? Man könnte diesen Zugang als einen „literaturwissenschaftlichen" oder „literaturtheoretischen" Ansatz bezeichnen.

Eine dritte Gruppe schließlich fragt: Welches Licht wirft es auf die Inspiration der Bibel, wenn man davon ausgeht, dass jeder Glaubensakt und jedes Glaubenszeugnis in einem weiten Sinn „inspiriert", also geistgewirkt und geistgetragen, ist? Hier wird bei der Inspiration des glaubenden Menschen angesetzt; man könnte von einem „pneumatologischen" Ansatz (Pneumatologie = Lehre vom Heiligen Geist) sprechen.

1. Der Ansatz bei der Konstituierung der Glaubensgemeinschaft

Die Vertreter dieses Ansatzes arbeiten heraus: Im Prozess des Aufbaus einer Glaubensgemeinschaft (Israel / Kirche) spielen Schriften eine wichtige Rolle: Sie halten die Überlieferungen und Überzeugungen fest, die die Glaubensgemeinschaft begründen und sich in ihr weiterentwickeln. Dadurch tragen sie zur Profilierung ihrer Identität bei. Der Aufbau der Glaubensgemeinschaft ist letztlich Gottes Werk, und so ist Gott auch der Urheber der grundlegenden und maßgebenden Texte, die in ihr entstehen.

Seine klassische, oft zitierte Formulierung hat dieser Ansatz bei *Karl Rahner* gefunden. Lange vor dem Zweiten Vatikanum, in seiner erstmals 1957 erschienenen Abhandlung „Über die Schriftinspiration", beschreibt er die Schriftinspiration als ein Moment der Kirchenurheberschaft Gottes.[22] Er geht davon aus: Die Kirche ist von Gott ausdrücklich und nachdrücklich gewollt. Gott ruft sie ins Leben als eine geschichtliche Größe.

Und sie hat endgültigen Charakter: Sie bezeugt das Kommen Jesu Christi – ein Ereignis, hinter das Gott nicht mehr zurückgeht und über das hinaus es nichts Größeres mehr geben kann.

Deshalb bleibt die Kirche immer auf ihren geschichtlichen Anfangspunkt verwiesen. Und daher hat die Gründungszeit der Kirche eine besondere Bedeutung: Die Urkirche ist Norm der Kirche aller Zeiten.

Zu den grundlegenden Elementen der Urkirche gehört die Schrift. Die neutestamentlichen Texte sind Niederschlag dessen, was in ihr überliefert und gepredigt wurde. Damit hat die Schrift von vornherein die Funktion, die die Urkirche als ganze gegenüber der nachfolgenden Kirche hat: Sie ist Norm der Kirche aller Zeiten. Dieser ganze Prozess der Entstehung der Kirche ist von Gott gewirkt, und deshalb ist auch die Schrift von Gott gewollt und geschaffen. Wie Gott der Urheber der Kirche ist und den ganzen Prozess der Entstehung der Kirche ins Werk setzt und lenkt, so ist er auch der Urheber der Schrift; die Schrift ist sein Werk, von ihm inspiriert.[23]

Wenn Rahner von der „Schrift" spricht, hat er zunächst das Neue Testament im Blick. Wie steht es in seiner Konzeption mit der Inspiration des Alten Testaments? Für ihn kann die Inspiration des Alten Testaments im christlichen Sinn erst von der Urkirche und vom Neuen Testament her erkannt werden: Die Schriften des Alten Gottesvolkes haben eine fundamentale Bedeutung für die Kirche. Und deshalb müssen auch sie von Gott in letzter Absicht bewirkt sein – in ihrer Hinordnung auf das Künftige, auf das neue Gottesvolk.[24]

Rahners Neukonzeption ist ein genialer Entwurf. Er kommt zwar ganz in der Sprache der klassischen Neuscholastik daher; Rahner geht nicht vom biblischen Befund aus, sondern stellt spekulativ-abstrakte Überlegungen an. Aber es sind Überlegungen, die – im Gegensatz zur neuscholastischen Inspirationslehre – weiten Raum für die exegetische Forschung eröffnen: Wenn Schriftinspiration Moment des Prozesses der gottgewirkten Entstehung von Kirche ist, dann kann die komplizierte und menschliche, oft allzu-menschliche Entstehungsgeschichte der Bibel ernst genommen werden, und dieses Ernstnehmen bedeutet keinen Widerspruch zum Glauben an die göttliche Inspiration. – Dann muss der biblische Schriftsteller sich nicht unbedingt seiner Inspiriertheit bewusst sein; es genügt, dass er sich mit seinem Tun in den Entstehungsprozess der Kirche eingebettet weiß. – Ein Weiteres: Es braucht auch nicht mehr gefragt zu werden: Wie hat Gott der späteren Kirche den Umfang des Schriftkanons geoffenbart? Wie hat er ihr mitgeteilt, welche Schriften inspiriert sind und welche nicht und welche demzufolge zum Kanon gehören? Schriften entstehen vielmehr als Niederschlag des Glaubens der Kirche und werden von ihr rezipiert, und dadurch ist ihre Kanonizität implizit (einschlussweise, indirekt) geoffenbart. – Außerdem: Wenn die Urkirche Norm der Kirche aller Zeiten ist, dann braucht es nicht zu erschrecken, dass wir in den Evangelien nicht historische Rekonstruktionen des Lebens Jesu finden, sondern einen bereits ins urkirchliche Leben hinein „übersetzten" Jesus. Und es braucht nicht zu befremden, dass Schriften in den Kanon aufgenommen wurden, die lange Zeit nach Jesu irdischem Leben entstanden sind und die Art und Weise widerspiegeln, wie die urchristlichen Gemeinden im Sinne Jesu mit ihren konkreten Problemen umzugehen versuchten. – Und schließlich: Wenn Schriftinspiration Moment der Kirchenurheberschaft Gottes ist, dann gehören Schrift und Kirche von Anfang an zusammen. Schrift und Tradition sind engstens miteinander verflochten; denn „Tradition" ist nichts anderes als der lebendige fortdauernde Prozess der Auslegung der Bibel im Raum der Glaubensgemeinschaft Kirche.

Aber auch eine so geniale und überzeugende Konzeption hat ihre Problempunkte. Drei Punkte wurden vor allem immer wieder kritisiert; und an diesen Punkten wurde Rahners These von anderen modifiziert bzw. weitergedacht und ergänzt:

1. Für Rahner ist die Urkirche die Norm der Kirche aller Zeiten, und die Schrift ist Selbstdarstellung des Glaubens der Kirche. *Karl-Heinz Ohlig* hält dies für eine Beschreibung, die leicht zu Missverständnissen führen kann. Vor allem für protestantische Ohren kann es so klingen, als werde die Schrift der Kirche untergeordnet. Das ist zwar von Rahner absolut nicht beabsichtigt; die Schrift bringt ja für ihn das zum Ausdruck, woraus die Kirche lebt (und worüber sie deshalb gerade nicht verfügen kann!); es geht ihm lediglich darum, zu betonen, dass wir in der Schrift der immer schon ins kirchliche Leben umgesetzten Botschaft begegnen. Aber – so betont Ohlig zu Recht – es wäre weniger missverständlich zu sagen: Die Verkündigung der Apostel ist die Norm der Kirche aller Zeiten. Oder noch besser: Der von den Aposteln bezeugte Herr ist für immer die Norm der Kirche. Ohlig betont deshalb unter Bezugnahme auf Rahners These: Die Urkirche ist „nicht als Beginn von Kirche, sondern als geschichtlich dichtester Verweis auf Jesus Christus normativ … für die Kirche aller Zeiten"[25]. Ohlig überschreitet damit Rahners „ekklesiologischen" Ansatz auf einen „christologischen" hin. Im Zentrum der Urkirche, ihrer Verkündigung und ihrer Schrift steht Jesus Christus – das gilt es deutlich zu betonen.

2. Ein zweiter Problempunkt liegt in der Art und Weise, wie Rahner die Inspiration des Alten Testaments begründet. Rahners Ansatz bei Urkirche und Neuem Testament könne – so kritisiert *M. Limbeck* – „der faktischen Funktion der alttestamentlichen Schriften im Lebensvollzug der Urkirche nicht gerecht werden"[26]. Längst bevor der erste urchristliche Text ent-

stand, hatte das Urchristentum ja schon die Schriften des Volkes Israel als heilige Schriften in Gebrauch! Deshalb formuliert Limbeck Rahners These um und schreibt: „*Indem* Gott mit absolutem Willen durch die besondere Geschichte Israels und der Urkirche, die er abgegrenzt vom üblichen Lauf der Dinge in Gang setzt, das Heil aller Menschen will, will und schafft er auch die Schrift des Alten und Neuen Bundes derart, dass er ihr sie inspirierender Urheber und Verfasser wird."[27] So wertet er Israel und das Alte Testament schon vom Ansatz her auf. Und noch etwas ist bemerkenswert: Er spricht nicht davon, dass Gott die „Urkirche" will, sondern „das Heil aller Menschen". Er macht deutlich, was die tiefste Zielbestimmung der Kirche ist: es geht um das Heil der Menschen. Die soteriologische Perspektive zu betonen, entspricht ganz der Tendenz des Zweiten Vatikanums. Ekklesiologie wird hier auf Soteriologie hin überschritten.

3. Häufig wird kritisiert, Rahner vertrete eine „kollektive Inspiration": Er löse die Individualität der biblischen Verfasser auf, hinein ins Kollektiv „Urkirche". Nichts läge Rahner ferner. Aber er differenziert die Größe „Urkirche" auch nicht weiter aus, er beschreibt eher das „Feld", in dem sich Schriftinspiration ereignet. Andere haben das ausdrücklicher getan, so etwa – fast gleichzeitig mit Rahner – der französische Exeget *Pierre Benoît*[28]. Die überzeugendste und differenzierteste Konzeption dürfte jedoch ein anderer – ebenfalls französischer – Exeget vorgelegt haben: *Pierre Grelot*. Dass die jüngste Zusammenfassung seiner Gedanken – die ihre Anfänge schon in Publikationen von 1963 und 1965 haben – in einer Festschrift für Rahner[29] erschien, zeigt Grelots Hochschätzung für Rahners Ansatz, den er in diesem Aufsatz in einer differenzierten und biblisch fundierten Weise weiterentwickelt.

Er setzt bei der vielfältigen Wirkweise des Geistes Gottes im Heilsplan an. Gott beruft eine Heilsgemeinschaft (Israel / Kirche) und weist in dieser Gemeinschaft bestimmten Menschen aktive Schlüsselstellungen zu. Manche dieser Charismen (Geistesgaben) lassen sich institutionell nicht fassen, etwa die Wunderkraft, die Heilungsgabe oder die Glossolalie (Zungenrede). Andere Charismen hingegen begründen bleibende Funktionen. Eine wichtige Gruppe dieser „funktionellen" Charismen sind die „Dienste am Wort": Priester, Propheten, Sänger, Schriftgelehrte, Weisheitslehrer u. a. im Volk Israel, Apostel, Propheten, Lehrer, Evangelisten, Weise, Schriftgelehrte u. a. im neuen Gottesvolk. In die Reihe dieser funktionell-charismatischen „Dienste am Wort" gehören auch die Autoren der biblischen Texte. „Die Schriftinspiration ist nichts anderes als eine besondere Anwendung dieser ‚funktionellen‘ Art von Charismen."[30] Der gesamte Vorgang der Schriftentstehung ist vom Heiligen Geist geleitet: Alle Aktivitäten, die die Zusammenstellung der heiligen Schriften vorbereiten, stehen in ihrer Vielfalt unter der göttlichen Inspiration. Die Inspiration lässt sich weder auf die Schlussfassungen der Texte beschränken noch auf die „Urtexte", die die historische Kritik herausfiltert.

Für das Alte Testament bedeutet das: Nicht nur die Letztfassung der Texte steht unter der Inspiration, sondern auch die gesamte Vorgeschichte. Die Septuaginta (die Übertragung des Alten Testaments ins Griechische) bedeutet eine Übertragung in eine andere Kulturwelt und damit eine eigene Neuschöpfung. Sie ist damit ein wesentlicher „Dienst am Wort" und steht ebenfalls unter der göttlichen Inspiration. Auch die interpretierende Lektüre des Alten Testaments in der jungen Kirche ist eine echte Neuschöpfung des Sinngehaltes und hat daher als inspiriert zu gelten.

Für das Neue Testament ergibt sich: Die Schriftinspiration ist „als ein *umfassendes Charisma* zu betrachten, das über der gesamten Vorgeschichte – der mündlichen oder schriftlichen – der im Neuen Testament bewahrten Texte steht ...“[31].

Grelot ist es gelungen, die Größe „Glaubensgemeinschaft" ernst zu nehmen und sie zugleich – mit seiner Herausstellung der „funktionellen Charismen" und besonders der „Dienste am Wort" – in einer biblisch fundierten Weise auszudifferenzieren. Dabei gelingt es ihm auch, die vorher genannten Kritikpunkte an Rahners Theorie (Abwertung des Alten Testaments, Tendenz der Zentrierung auf Kirche statt auf das apostolische Kerygma und den darin bezeugten Christus) von Anfang an aufzufangen: Bereits im Ansatz werden Altes und Neues Testament, Israel und Kirche gleichwertig einbezogen. Und es wird durchgehend deutlich, dass es nicht um die Kirche geht, als sei sie ein Selbstzweck, sondern um die ins kirchliche Leben umgesetzte und umzusetzende Botschaft von Jesus dem Christus. Hier wird der sozial-ekklesiale Ansatz in einer Weise durchgeführt, die das Missverständnis einer Kirchenzentrierung vermeidet, Individuum und Gemeinschaft einander angemessen zuordnet und dem Alten und Neuen Testament gleichermaßen gerecht wird.

2. Der Ansatz bei der Bibel als Literatur

Von einem anderen Ausgangspunkt her kommt eine zweite Gruppe von Theologen: Es ist das Verdienst des spanischen Exegeten *Luis Alonso Schökel*, mit Nachdruck eingeschärft zu haben: Die biblischen Texte sind Literatur – mit all der Buntheit und Vielfalt der Formen und Gattungen, wie sie auch andere Literatur aufweist, und mit der ganzen Vieldimensionalität, die auch andere literarische Texte kennzeichnet. Da er umfangreiche sprachpsychologische und literaturwissenschaftliche Kenntnisse mitbringt, kann er diese für das Verständnis der Bibel und ihrer Inspiration nutzbar machen.[32]

Alonso Schökel geht davon aus, dass in den biblischen Texten Gott die menschliche Sprache und Literatur mit all ihren Dimensionen annimmt, so wie er in der Inkarnation in Jesus die menschliche Natur mit all ihren Dimensionen angenommen hat, außer der Sünde. Zwischen Inkarnation und Inspiration besteht eine Analogie. Die Inspiration der Schrift ist gewissermaßen die Inkarnation des göttlichen Wortes in menschliche Sprache und Literatur mit allen ihren Dimensionen. Gegen die gott-menschliche Doppelnatur des inspirierten Wortes können ähnliche Irrtümer und Häresien aufbrechen wie in der Christologie, z. B. eine Art „Monophysitismus", der die menschliche Natur in der göttlichen aufgesogen sieht, oder eine Art „Adoptianismus", der in der Inspiration eine nachträgliche göttliche Approbation eines rein menschlichen Sprachgebildes sieht. Wenn aber Inspiration Inkarnation des göttlichen Wortes in menschliche Sprache und Literatur ist, dann hat die sprachphilosophische und literaturwissenschaftliche Betrachtung der biblischen Texte auch eine unmittelbare Bedeutung für das Verständnis der Schrift und ihrer Inspiration überhaupt.

Von den vielen Aspekten, die Alonso Schökel anspricht, seien nur einige besonders bedeutsame erwähnt. So macht er in seinen sprachphilosophischen Überlegungen u. a. deutlich:

1. Sprache ist eine soziale und geschichtliche Wirklichkeit. Wenn wir sprechen lernen, übernehmen wir die Sprache unserer Umgebung – mit all den Eigenheiten, die sie aufweist, mit ihren Redensarten, mit ihren Modeausdrücken, mit ihren Klischees, die sie transportiert, mit ihren feinen Unterscheidun-

gen und Zwischentönen. Es gibt keine Sprache, die zeit- und kontextenthoben wäre. Für die Inspiration der Schrift heißt das: Inspiration ist nicht ein Geschehen zwischen Gott und einem individuellen Autor allein. Das soziale und geschichtliche Umfeld ist in den Inspirationsvorgang einbezogen.

2. Sprache hat – nach dem Organon-Modell von Karl Bühler – drei Grundfunktionen: Darstellung (es geht um einen Gegenstand, über den etwas ausgesagt wird), Kundgabe (der Sprecher redet nicht nur über etwas, sondern zeigt dabei auch sich selbst) und Appell (er wirkt auf den Gesprächspartner ein). Wenn Gott in der Bibel spricht, dann nimmt er alle drei Komponenten menschlicher Sprache an: Er teilt Wahrheiten mit (diesen Aspekt hat die neuzeitliche Inspirationslehre verabsolutiert, so dass sie fast nur noch um den Wahrheitsanspruch der Schrift kreiste und die Bibel nur noch als Lehrbuch und Fundgrube von Satzwahrheiten verstand); er teilt sich selber mit und begegnet im Medium der Schriften dem hörenden Menschen; und er wirkt auf den Hörer ein (diesen Aspekt verabsolutieren die Vertreter einer „existentialen Interpretation" der Schrift, die die Bedeutung der Schrift nur darin sehen, was sie beim Hörer bewirkt und wie sie das Existenzverständnis des Hörers beeinflusst).

Auch aus der literaturwissenschaftlichen Betrachtung der Schrift lässt sich nach seiner Ansicht für das Verständnis der Inspiration der Bibel Nutzen ziehen, wie z. B.:

1. Ein literarisches Werk besitzt verschiedene Dimensionen: die Lautebene, die rhythmische Ebene, die Bedeutungsebene, die Ebene der Bilder, die Ebene der Ideen und Gedanken. Erst das Zusammenspiel aller Aspekte macht einen literarischen Text aus. Die sprachliche Formulierung ist nicht bloß die „Einkleidung" der Inhalte, sondern wesentlicher Bestandteil des Werkes. Für die Inspirationstheologie ergibt sich daraus: Die

Theorie einer „Realinspiration", der zufolge nur die Inhalte (res), aber nicht die Worte von Gott inspiriert sind, ist literaturwissenschaftlich problematisch; Gottes Einwirkung erstreckt sich auf das ganze Werk in all seinen Dimensionen.

2. Ein literarisches Werk stellt eine Ganzheit dar und steht für sich geschlossen da. Aber zugleich ist es fähig, in einen größeren Zusammenhang aufgenommen zu werden. Wo etwa ein Sammler Gedichte zu einer Anthologie zusammenfügt, da stellt er sie in einen größeren Kontext, der das einzelne Werk in einem neuen Licht erscheinen lässt. So bilden auch die inspirierten Bücher in ihrer Gesamtheit eine Ganzheit, die auf das einzelne Buch ein neues Licht wirft. Jede Schrift der Bibel muss daher auch im Gesamt des Kanons gesehen werden. Die Inspiration umfasst nicht nur den einzelnen Text bzw. das einzelne Buch, sondern die Bibel als Ganzheit.

3. Die „logische" Wahrheit, die Wahrheit des formalen Satzes, ist in einem literarischen Text zweitrangig. Die literarische Wahrheit besteht erstens im inneren Zusammenhang des Werkes – man sagt dann von ihm, es sei „überzeugend" – und zweitens darin, dass es eine neue Sicht der Wirklichkeit bietet und unsere Erfahrung weitet. Es handelt sich um eine Kenntnis, die man durch Sich-Einlassen und Vertrautheit gewinnt. Oftmals wird eine Wahrheit eher auf dem Weg des Suchens, Fragens und des Dialogs vermittelt – man denke etwa an Platons Dialoge. Ebenso ist die Wahrheit der Bibel nicht einfach die Richtigkeit von Aussagesätzen. Sie besteht umfassender darin, dass sie den Leser bzw. Hörer mit Gott und denen, die an ihn glauben, vertraut macht – oft durch das „Zeugnis", von dem man sagen kann, es sei „überzeugend", und auf dem Weg des Suchens und Fragens, wie etwa das Buch Kohelet.

4. Alle Literatur lebt nicht vom bloßen Aufbewahren, sondern vom erneuten Vollzug. Das verstehende Aufnehmen durch den

Leser bzw. Hörer oder Zuschauer schenkt dem literarischen Werk neues Leben. Für die Inspiration bedeutet dies: Gottes inspirierendes Wirken hat zum Ziel das immer neue Lesen und Hören der Texte und ihre Umsetzung ins Leben hinein. Das inspirierte Werk will wirksam werden im Hörer bzw. Leser der Schrift.

Gerade an diesem letztgenannten Punkt knüpfen die Autoren der folgenden Jahrzehnte an, die die Bibel unter sprachphilosophischem und literaturwissenschaftlichem Aspekt betrachten. Sie richten die Aufmerksamkeit auf die Fragen: Was geschieht beim Lesen / Verstehen / Rezipieren / Interpretieren eines Textes? Was ergibt sich daraus für die Theologie der biblischen Texte in der „Lesegemeinschaft" der Glaubenden? Was folgt daraus für das Verständnis der göttlichen Inspiration? Der Akzent liegt nun nicht mehr in erster Linie auf der Entstehung der biblischen Texte, sondern verlagert sich auf den Vorgang des Lesens und Verstehens.

Diese Akzentverschiebung ist bemerkenswert, war es doch der gesamten neuzeitlichen Inspirationstheologie vor allem um das Einwirken Gottes auf die Autoren der Schrift gegangen. Allerdings ist die Auffassung, dass Inspiration auch mit dem Leser bzw. Hörer der Schrift zu tun hat, nicht etwas schlechthin Neues. Bereits Origenes hatte von der Inspiration des Lesers gesprochen. Und in der Zeit um das Zweite Vatikanum gab es auch – unabhängig von sprach- und literaturwissenschaftlichen Analysen – Versuche, die Inspiration der Schrift auch – oder sogar hauptsächlich! – auf den Vorgang des Verkündigens, Hörens, Lesens, Verstehens und Interpretierens der Schrift zu beziehen. Einige solcher Ansätze seien genannt:

1. Schon 1960 hatte *Hans Urs von Balthasar* in einem Aufsatz die lebendige Dynamik der Schrift betont. Das Evangelium ist die von Jesus ausgehende „lebendige Lehre, ... lebendig an seiner

Fleischlichkeit anteilnehmend (…) und daher auch an seinem lebendigen Inspiriertsein"[33]. Der Geist hat nicht nur die Funktion, die Schrift zu verursachen und vor Irrtum zu bewahren, sondern handelt stets neu durch die Schrift. Inspiration der Schrift bedeutet also ständige Präsenz des Geistes, der das Wort der Bibel immer wieder zum belebenden Wort werden lässt.

2. Einige Jahre später legte *Karl-Heinz Ohlig* eine bemerkenswerte Deutung der Inspirationslehre vor: Die alte Kirche erfuhr im Medium der Heiligen Schrift die Autorität des erhöhten, gegenwärtigen Herrn. Sie machte also im Umgang mit der Schrift eine geistliche Erfahrung. Weil die damaligen sprachlichen Ausdrucksmöglichkeiten aber nicht so weit entwickelt waren, dass man von einer derartigen „geistlichen Erfahrung" hätte erzählen können, redete man behelfsweise davon, was die Bibel *ist* und wodurch sie *verursacht* ist. „Statt zu sagen: Ich *erfahre* in der Schrift die absolute Autorität Jesu, redete die Kirche von der Schrift, die heilig ist, *weil* Gott oder der Herr hinter ihr steht, ihre Verfasser inspiriert oder die Bücher selbst verursacht hat."[34] Letzten Endes geht es also in der Inspirationslehre insgesamt um die Erfahrung des Inspiriertwerdens durch die Schrift!

3. In seinem 1974 erschienenen Buch „Christ sein" schreibt *Hans Küng*: „Und sehr viel wichtiger als die Frage, ob und wie die Bibel selber inspiriertes Wort ist, ist … die Frage, ob und wie *sich der Mensch selbst von ihrem Wort inspirieren lässt*. Denn dieses vom Geist inspirierte Wort will durch denselben Geist inspirierendes Wort sein."[35] Und er erklärt mit Berufung auf den evangelischen Theologen Karl Barth: „Will man nicht wie früher naiv, sondern will man theologisch verantwortlich reden, wird man sagen müssen:

– Die Bibel *ist* nicht einfach Gottes Wort: Sie ist zunächst und in vollem Umfang Menschenwort ganz bestimmter Menschen.

– Die Bibel *enthält* auch nicht einfach Gottes Wort: Es sind nicht bestimmte Sätze reines Gotteswort, während die übrigen Menschenwort sind.

– Die Bibel *wird* zu Gottes Wort: Sie wird Gottes Wort für jeden, der sich vertrauend, glaubend auf ihr Zeugnis und damit auf den in ihr bekundeten Gott und Jesus Christus einlässt."[36]

4. Ähnlich wie Ohlig ordnet der niederländische Theologe *Edward Schillebeeckx* in seinem 1977 erschienenen Buch „Christus und die Christen – die Geschichte einer neuen Lebenspraxis" den Inspirationsgedanken ein. Er setzt sich mit der Tendenz heutiger Menschen auseinander, nur ihrer eigenen Erfahrung Autorität zuzuerkennen und die Autorität von Schrift und Tradition anzuzweifeln. Er betont demgegenüber, dass die Respektierung der Autorität heutiger Erfahrung und die Anerkennung der Autorität der Schrift einander nicht ausschließen. Letzten Endes – so erläutert er – geht es bei der Autorität des Neuen Testaments um die Autorität von Erfahrungen der ersten Christen. Die Schrift wirkt zwar, oberflächlich betrachtet, wie eine von außen kommende, auferlegte Autorität. Ursprünglich sah die Sache jedoch anders aus: „Eine religiöse Gruppe von Menschen – Christen –, im Bann Jesu, der von ihnen als Heil von Gott her erfahren und bezeugt wurde, hatte ihre eigene Gruppenidentität in bestimmten inspirierenden Schriften erkannt innerhalb einer sich bildenden christlichen Erfahrungstradition und einer schon vorhandenen ‚regula fidei' oder Glaubensnorm ... Für sie hatte diese Literatur existentiell, inhaltlich Autorität; sie fanden darin den Ausdruck ihres eigenen Verständnisses Jesu und zugleich ihres christlichen Selbstverständnisses. Schließlich durften sie deshalb diese existentielle Autorität mit Recht in Glaubenssprache formulieren

und sagen: ‚Diese Schriften sind von Gott inspiriert‘, wie auch die ganze christliche Bewegung ihren Ursprung und ihre Inspiration in Jesus, dem Gottesgesandten, fand. Aber nicht die formale Autorität stand am Anfang, sondern das Geschehen einer neuen Heilserfahrung, erzählt in Texten, deren appellierenden und inspirierenden Sinn man existentiell erfuhr, anerkannte und bejahte.“[37] Auch hier erscheint die Rede von der Inspiration der Schrift als Artikulation einer im lebendigen Umgang mit den Schriften gemachten Erfahrung – wobei Schillebeeckx diese Erfahrung stärker, als Ohlig dies tut, als Erfahrung von Heil und Zuspruch beschreibt.

5. Schließlich darf auch nicht vergessen werden: Wenn Theologen wie Rahner oder Grelot die Schriftinspiration sozial-ekklesial deuten und bei der Konstituierung der Glaubensgemeinschaft ansetzen, werden sie unweigerlich in die Richtung der Inspiration des glaubenden Lesers bzw. Hörers geführt: Denn die Produktion biblischer Texte im Zuge der Entstehung der Glaubensgemeinschaft ist oftmals Ergebnis eines Vorgangs des Lesens, der Rezeption und der schöpferischen Aktualisierung bereits vorhandener Texte. Die sich konstituierende Gemeinschaft ist eine Lese- und Rezeptionsgemeinschaft. Die exegetische Forschung hat deutlich gemacht: Die im Volk Israel und in der jungen Kirche entstehenden Texte waren nicht einfach „fertig“, sondern wurden immer wieder in neue Sinnzusammenhänge gestellt, ergänzt, neu gedeutet und auf neue Situationen bezogen. Der Fachausdruck heißt „relecture“ – „Wieder-Lesen“ oder „Neu-Lesen“. Es gibt eine „relecture“ innerhalb der Geschichte des Volkes Israel, und die Entstehung des Neuen Testaments vollzog sich als „relecture“ der Schriften Israels angesichts der Begegnung mit Jesus. Inspiration hat daher von vornherein nicht nur mit Schreiben, sondern auch mit Lesen zu tun!

Doch nun endlich zu den Autoren, die ausgehend von sprach- und literaturwissenschaftlichen Überlegungen den Akzent auf die Inspiration des Lesers setzen.

1985 veröffentlichte *Walter Vogels*, Alttestamentler in Ottawa, einen Aufsatz mit dem Titel: „Inspiration in a Linguistic Mode"[38]. Er erklärte darin: Normalerweise geht man davon aus: Wenn ich einen Text lese, vollziehe ich das nach, was der Verfasser sagen wollte. Die Linguistik hingegen sieht den Text als eine eigenständige Größe zwischen Autor und Leser. Einen Text endgültig niederschreiben heißt, ihn aus der Hand geben. Der Verfasser verliert seine Autorität über den Text. Der Autor mag wissen, was er sagen wollte; aber er weiß nicht besser als der Leser, was der Text tatsächlich sagt. Ich schreibe einem Freund einen Brief; er schreibt zurück; und ich merke an seiner Antwort, dass er mich nicht richtig verstanden hat. Ich lese meinen eigenen Brief nochmals und merke, dass mein Brief tatsächlich nicht gesagt hat, was ich sagen wollte. Es ist also zu unterscheiden zwischen dem, was der Verfasser sagen wollte, und dem, was der Text sagt.

Lesen heißt deshalb: dem Text neues Leben geben. Der Text ist in einer Art Winterschlaf, solange er nicht gelesen wird. Lesen ist keine sekundäre Aktivität, sondern genauso wesentlich wie das Schreiben. Der Text gehört nun nicht mehr dem Autor, sondern dem Leser. Verschiedene Leser lesen den Text verschieden; jeder Leser schreibt den Text gewissermaßen neu. Allerdings ist nicht jede Interpretation möglich; der Text gibt auch Grenzen vor. Lesen heißt also: den Text zu neuem Leben erwecken und ihn zugleich respektieren. Vogels illustriert dies am Satz des amerikanischen Präsidenten Jefferson: „Alle Menschen sind gleich erschaffen." Er hört sich schön an, aber Jefferson hielt schwarze Sklaven! Warum sah er das nicht als Widerspruch? Weil er nur die Gleichheit von Briten und Amerikanern im Blick hatte. Es dauerte lange, bis dieser Satz auch im Sinne einer Gleichheit zwischen Weißen und Schwarzen gedeutet wurde. Wenn ein Leser heute den Satz so verstehen würde, wie ihn der Autor ursprünglich verstanden hat, würde man ihm vorwerfen: Du verdrehst den Satz! Andererseits kann man aber auch nicht alles Beliebige aus dem Text herauslesen, z. B.: „Tiere haben gleiche Rechte wie Menschen." Der Text ist zwar offen für neue Lesarten, setzt aber auch Grenzen.

Für das Inspirationsverständnis ergibt sich daraus: Bisher hat man die Inspiration meist bei der *Entstehung* der biblischen Bücher angesiedelt und sie auf die *Personen* bezogen, die an der Entstehung beteiligt waren. In linguistischer Perspektive ist Inspiration jedoch vor allem eine Eigenschaft des *Textes*. Dieser hat einen einzigartigen Charakter; er ist ein menschlicher und göttlicher Text zugleich. Diese Qualität ist nicht nur Ergebnis des Schreibens, sondern sie hängt mit den beiden Tätigkeiten zusammen, die für den Text gleich wesentlich sind: dem Schreiben und dem Lesen. Der Text hat die Eigenschaft der Inspiration,

a) weil er unter der besonderen Assistenz des Geistes geschrieben wurde, der der Gemeinschaft verliehen war und ihr unter anderen Charismen auch das des Schreibens und des Bearbeitens von Texten geschenkt hat;

b) weil sich eine Gemeinschaft von Glaubenden unter Führung desselben Geistes mit diesen Texten identifizieren kann. Die Gemeinschaft entdeckt den inspirierten Charakter der Bibel, nicht weil Verfasser ihn beteuern, sondern weil der Text dies erkennen lässt.

Vogels vergleicht die Bibel mit einem Meisterwerk im profanen Bereich. Eine Schöpfung eines Künstlers wird nicht dadurch zum Meisterwerk, dass er sie als außergewöhnlich hinstellt, sondern dadurch, dass Menschen von ihr beeindruckt und in außergewöhnlicher Weise angeregt werden.

Weiter erklärt Vogels: Ein Text kann gelesen werden, weil er Strukturen beachtet, die dem Autor und dem Leser gemeinsam sind: Beide sind Menschen. Für einen göttlich-menschlichen Text muss das gleiche Prinzip gelten: Wenn der Geist beim Schreiben wirkt, muss derselbe Geist auch beim Lesen wirken.

So kommt Vogels zu seiner zusammenfassenden These: „Inspiration ist die menschlich-göttliche Qualität, die die Bibel als Text hat, weil diese Bibel von einer inspirierten Gemeinschaft hervorgebracht wurde und fähig ist, eine Gemeinschaft zu inspirieren."[39]

Eine Reihe anderer Autoren haben in der Folgezeit Anregungen aus der Linguistik, der Semiotik, des Strukturalismus (F. de Saussure), der französischen Textphilosophie (J. Derrida), der Rezeptionsästhetik (H. R. Jauß) und verschiedener Lesetheorien (W. Iser, S. Fish) aufgenommen und sie für das Inspirationsverständnis fruchtbar gemacht. Wird das Textverständnis der zeitgenössischen Sprach- und Literaturwissenschaften auf die Bibel angewandt, so ergibt sich: Inspiration darf nicht einseitig („produktionsästhetisch") als Einwirken Gottes auf den Autor beschrieben werden, sondern ist („rezeptionsästhetisch") als Wirken Gottes im Leser zu sehen. Oder zutreffender und umfassender gesagt: Inspiration ist von Vornherein im Strukturzusammenhang von Autor – Text – Leser anzusiedeln.

So greifen Vertreter der Befreiungstheologie Einsichten der Semiotik auf. Sie begründen damit ihre Art, die Bibel zu lesen: Lesen ist ein schöpferischer Prozess, und deshalb kann das gemeinsame Lesen der Bibel im sozialen und politischen Kontext Lateinamerikas neue Dimensionen der Bibel entdecken lassen. Die Erzählung vom Exodus und die Botschaft vom Reich Gottes gewinnen neue Leuchtkraft, wenn sie auf dem Hintergrund der eigenen erlebten Unterdrückung, Ungerechtigkeit und Entwürdigung gelesen werden. So erklärt der lateinamerikanische Theologe *J. Severino Croatto*: „Wenn der Text inspiriert ist, nimmt jede Neuinterpretation einen in gewisser Weise inspirierten Sinn auf, auch in ihrem Sinnvorrat und dem, was die Intention ihres Autors transzendiert."[40]

Auf protestantischer Seite geht *Ulrich H. J. Körtner* von Einsichten der literarischen Hermeneutik, der Lehre vom Auslegen und Verstehen, aus: „Eine literarische Hermeneutik erlaubt es und nötigt geradezu, zu der anscheinend obsolet gewordenen Inspirationslehre zurückzukehren, um sie freilich grundlegend umzuformulieren. Rezeptionsästhetisch muss sie als Lehre vom *inspirierten Leser* rekonstruiert werden."[41] Die Lesetheorie von W. Iser fragt immer nach dem „impliziten" Leser: Welche Art von Leser hat der Autor im Blick, wenn er schreibt? (Der implizite Leser muss dabei übrigens nicht mit dem tatsächlichen Leser identisch sein!) Entsprechend fragt Körtner, wer der implizite Leser der Bibel ist, welche Art von Leser also die biblischen Autoren anvisieren; und er antwortet: Der von den biblischen Texten implizierte Leser ist „ein vom Geist Gottes *inspirierter* Leser … Der Sinn der biblischen Texte konstituiert sich neu in solchen Akten des Lesens, in welchen ihr Leser sich selbst in einer Weise neu verstehen lernt, welche die Sprache der christlichen Tradition als Glauben bezeichnet."[42] Biblische Autoren schreiben also auf einen (gedachten) Leser hin, der sich vom Geist Gottes mit Hilfe dieser Texte zu einem neuen Selbstverständnis führen lässt und bereit ist, sich selber und die Welt im Licht des christlichen Glaubens zu sehen.

Wiederum auf katholischer Seite stellt *Elmar Salmann* die Frage, wann wir bei Künstlern oder Autoren von „Inspiration" sprechen. Ein Autor – so führt er aus – gilt als inspiriert, wenn er seine Gedanken und seinen Stil nicht willkürlich produziert, sondern als auferlegt, zugetraut, zugemutet erlebt; wenn die ganze Person und sogar ihre Schwächen in die Eigenheit des

Stiles eingehen; wenn er das Eigene in die zu seiner Zeit vor-
findbaren Formen und Fragen einzufügen weiß und diese dabei zugleich sprengt; wenn er die schmerzhafte Erfahrung der
Differenz zwischen Idee und Ausführung, also der Begrenztheit und Unangemessenheit seines Werkes schmerzlich durch-
leidet und austrägt; wenn er andere inspiriert und sie zur Auseinandersetzung mit seinem Werk nötigt, also eine Ausle-
gungs- und Wirkungsgeschichte auslöst; und wenn er andere
dazu bewegt, in einer ganz eigenen Verstehensbemühung dem
Besonderen seiner persönlichen Gedanken und seines individuellen Stils nachzugehen. Inspiration ist also – und das gilt
auch für die Inspiration der Bibel – „keine dem Werk oder Autor einfach inhärente Qualität, kein isolierter psychologischer
Vorgang, sondern erweist sich erst und immer neu in seiner
Wirkungs- und Rezeptionsgeschichte … Inspiration ist ein
Vorgang, der sich ständig neu zwischen Vorgabe, Autor, Text
und Interpreten ereignet …"[43]. Auch hier wird Inspiration
nicht nur als eine Einwirkung Gottes in der Vergangenheit (auf
die Verfasser im Prozess der Entstehung der biblischen Texte)
gesehen, sondern als fortwährendes Wirken des Geistes Gottes,
das sich überall dort ereignet, wo Menschen sich – bis heute –
von den Worten der Bibel berühren lassen.

3. Der Ansatz bei der Inspiration
des glaubenden Menschen

Wiederum von einer anderen Seite her geht eine dritte Gruppe
von Theologen die Frage der Schriftinspiration an. Sie fragen:
Ist die Inspiration der biblischen Texte wirklich ihr „Alleinstellungsmerkmal"? „Inspiriert" heißt „geisterfüllt, geistgewirkt".
Aber ist nicht alles, was ein glaubender Mensch tut, letztlich

75

vom Geist gewirkt? Ist nicht jedes authentische christliche Glaubenszeugnis in gewisser Weise „inspiriert", also geistgewirkt und geisterfüllt – wenn es stimmt, was Paulus an die Korinther schreibt: „Keiner kann sagen: Jesus ist der Herr!, wenn er nicht aus dem Heiligen Geist redet" (1 Kor 12,3)? Hat nicht jedes authentische christliche Glaubenszeugnis, so gesehen, Gott zum Urheber? Wenn das so ist, worin besteht dann aber die Besonderheit der Inspiration der biblischen Schriften?

Der amerikanische Jesuit *Thomas A. Hoffman* hat 1982 vorgeschlagen, eine andere Redeweise einzuführen. Wenn man das Besondere der Bibel kennzeichnen will, solle man besser von ihrer „uniqueness" (Einzigartigkeit) oder ihrem „unique sacred character" (einzigartig heiligem Charakter) reden. Dieser „einzigartig heilige Charakter" der Schrift setzt sich aus drei Komponenten zusammen: ihrer Inspiration, ihrer Normativität und ihrer Kanonizität. Traditionellerweise hat man diese drei Aspekte im Sinne eines ausschließlichen Ursache-Wirkung-Verhältnisses aufeinander bezogen: Weil die Bibel inspiriert ist, ist sie normativ, und weil die Kirche die inspirierten und damit normativen Bücher als solche erkennt und definitiv festschreibt, sind sie kanonisch. Hoffman sieht in diesen drei Aspekten jedoch voneinander unabhängige, einander ergänzende Eigenschaften:

1. Inspiration: Darunter versteht Hoffman „animation with the Spirit of Christ"[44], Beseelt-Sein vom Geist Christi. „Inspiration" in diesem Sinn ist nicht auf die Bibel beschränkt. So hat ja bereits die alte Kirche authentisch christliche Texte von Bischöfen und Theologen als „inspiriert" bezeichnet.

2. Normativität: Darüber hinaus hat jedoch die Bibel eine weitere Qualität: Sie enthält das, was für die Kirche aller Zeiten normativ ist. Hoffman greift Rahners These auf und erklärt: Indem Gott die Urkirche als normative Periode für die Kirche

aller Zeiten will und schafft, will und schafft er auch die Schrift als konstitutives Element der Urkirche. Der Unterschied zu Rahner besteht darin: Was Rahner als „Schriftinspiration" bezeichnet, nennt Hoffman „Normativität".

Hoffman rechnet damit, dass der Umfang der „normativen" Schriften nicht identisch ist mit dem gegenwärtigen Kanon. Er sieht keine Schwierigkeiten, auch Bücher wie den „Hirten des Hermas", den ersten Clemensbrief oder den Barnabasbrief als inspiriert und normativ zu bezeichnen. Ihnen fehlt möglicherweise nur die dritte Komponente: die Aufnahme in den Kanon.

3. Kanonizität: Die kirchliche Entscheidung allein – und nicht eine einer bestimmten Schrift innewohnende Qualität der Inspiration oder Normativität – ist der letzte Grund für die Kanonizität eines Buches. Die Komplexität und Verworrenheit der Kanongeschichte zeigt, dass die Kanonfestlegung ein wahrhaft menschlicher Vorgang war – so sehr er auch im Glauben als göttliches Handeln begriffen werden kann. Kanonisierung ist ein eigener Akt, nicht eine zwingende Folge der Inspiration und Normativität eines Textes. Die Kirche hat also keinen Fehler gemacht, wenn sie irgendein Buch, das inspiriert und normativ war, nicht in den Kanon aufnahm.

Zwei Schemata können Hoffmans Zuordnung illustrieren:

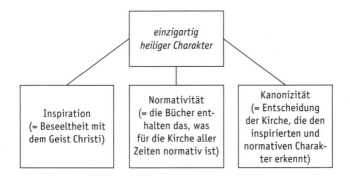

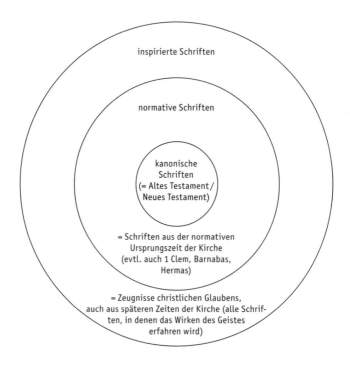

Auch der Jesuit und Fundamentaltheologe *Peter Knauer* geht von einem weiten Inspirationsbegriff aus. Er analysiert, was unter christlichem Glauben zu verstehen ist: Glaube heißt, Anteil haben am Gottesverhältnis Jesu. Der Glaubende wird durch Jesus in seine Beziehung zu Gott hineingenommen und darf zu Gott „Vater" sagen. Die Beziehung zwischen Sohn und Vater ist der Heilige Geist. Ins Verhältnis Jesu zum Vater hineingenommen werden heißt daher, vom Heiligen Geist erfüllt werden. Christlicher Glaube ist daher als Anteilhabe am Gottesverhältnis Jesu in sich schon Erfülltsein vom Geist, „Inspiriert-Sein". Insofern kann man jedes authentische Glaubenszeugnis als inspiriert bezeichnen.

Worin liegt dann die Besonderheit der Inspiration der Bibel? „Gemeinsam mit allen anderen Glaubenszeugnissen ist der Hei-

ligen Schrift, dass sie denjenigen Glauben bezeugt, der das Erfülltsein vom Heiligen Geist ist … Die Besonderheit der Heiligen Schrift innerhalb dieses gemeinsamen Sachverhalts scheint
allein darin zu liegen, dass sie *in die normative Ursprungszeit der
Kirche gehört.* Die Heilige Schrift … ist das *faktisch mehr oder
minder früheste uns zugängliche Zeugnis desjenigen Glaubens, der
als das Anteilhaben am Gottesverhältnis Jesu das Erfülltsein vom
Heiligen Geist ist.* Dadurch kommt ihr die Würde einer Norm
für alle spätere Bezeugung des christlichen Glaubens zu, da ja der
Glaube notwendig auf seinen historischen Ursprung verweist.
Alle spätere Geisterfülltheit ist für ihr Offenbarwerden an die
Geisterfülltheit der Heiligen Schrift gebunden. Die Inspiration
der Heiligen Schrift unterscheidet sich von der Inspiration sons-
tiger Glaubenstexte nur dadurch, dass sie die ursprüngliche
ist … Das Eigentümliche der Schriftinspiration, ihre einzige
ontologische Besonderheit, besteht … darin, dass sie als die
ursprüngliche die Unüberbietbarkeit auch aller sonstigen ‚Inspiration' begründet."[45] Anders ausgedrückt: Das Besondere der
Heiligen Schrift unter den zahlreichen authentischen Glaubens-
texten, denen allen die Eigenschaft der „Inspiriertheit" zukommt, ist ihre Ursprungsnähe. Da das Christentum in allen
Zeiten auf das Gekommensein Jesu – als seinen bleibenden Ursprung – verwiesen ist, haben die ursprungsnahen Schriften eine
bleibende normative Bedeutung. Die Inspiration der Heiligen
Schrift ist die Inspiration ursprungsnaher und daher normativer
Texte: Nur im Blick auf diese Ursprungstexte kann spätere Inspiration als solche erkannt werden. Nur auf Grund dieser Texte
kann festgestellt werden, ob andere Texte wirklich vom Geist
Jesu erfüllt sind, ob sie wirklich „inspiriert" sind. Und nur im
Blick auf diese Ursprungstexte kann „die Unüberbietbarkeit aller sonstigen ‚Inspiration' begründet" werden: Nur auf Grund
dieser Ursprungstexte kann behauptet werden, dass es über die

Inspiriertheit des glaubenden Menschen hinaus nichts Größeres geben kann; denn was sollte es auch Größeres geben als diese Geisterfülltheit, als das Einbezogen-Sein in die Liebe zwischen Vater und Sohn, die nach alter christlicher Auffassung eben der Heilige Geist ist?

Noch einen Schritt weiter gehen jene Theologen, die über den Bereich des Christentums hinaus schauen, nach dem Verhältnis des Christentums zu anderen Religionen fragen und von daher auch das Verhältnis der Bibel zu den heiligen Schriften anderer Religionen zu bestimmen suchen.

So hatte Karl Rahner schon davon gesprochen, dass es eine transzendentale Selbstmitteilung Gottes gibt, die alle gegenständlichen Kategorialisierungen übersteigt. Er meint damit: Gott hat sich dem Menschen immer schon mitgeteilt, bevor diese Selbstmitteilung – durch Menschen wie Mose oder die Propheten in der Geschichte des Volkes Israel und dann schließlich in Jesus Christus – konkrete, geschichtliche Gestalt annimmt. Wenn der Mensch nicht schon immer ein auf Gott hin offenes und von Gott bereits angesprochenes Wesen wäre, wenn das nicht seine „transzendentale" (aller konkreten Selbstmitteilung Gottes vorausgehende und sie erst ermöglichende) Bestimmung wäre, könnte er die Selbstmitteilung Gottes, die sich an konkreten geschichtlichen Punkten („kategorial") ereignet, gar nicht als solche wahrnehmen und verstehen.

Von diesem Verständnis der Offenbarung Gottes geht *Leonardo Boff*[46] in einer seiner frühen Publikationen aus: Wenn es eine „transzendentale" Selbstmitteilung Gottes gibt, wenn also der Mensch schon immer ein von Gott Angesprochener und ihm Antwortender ist, dann sind alle Religionen in irgendeiner Weise Wirkungen dieser Selbstmitteilung Gottes, die schon immer an den Menschen ergeht, und Antworten auf diese Selbstoffenbarung Gottes. Dann sind auch die heiligen Schriften aller Religionen Ausdruck und Entfaltung des immer schon an den Menschen ergehenden Wortes Gottes und der Antwort der Menschen auf dieses Wort.

Worin besteht dann die Besonderheit des „Wortes Gottes", wie es uns in der Bibel vorliegt? Die Besonderheit der Schriften des Volkes Israel besteht darin, dass sie die Antworten eines ganzen Volkes darstellen, das von Anfang an seine Existenz vom Wort Gottes aus definiert hat. Dies hat in der Religionsgeschichte keine Parallelen und legt die Überzeugung nahe: In diesen Verobjektivierungen des göttlichen Angebots war Gott in besonderer Weise am Werk. Und die Besonderheit des Neuen Testaments besteht darin, dass es die volle Einheit von göttlichem Angebot und menschlicher Antwort in Jesus bezeugt.

Ebenfalls auf Rahner – aber in einer anderen Perspektive – bezieht sich im asiatischen Raum der indische Jesuit *Ishanand Vempeny*. Aus dem Bemühen um den Dialog mit dem Hinduismus heraus fragt er: Könnte man in einer gewissen Weise auch von der Inspiration der heiligen Schriften anderer Religionen sprechen?

Vempeny findet einen Anknüpfungspunkt in Rahners Inspirationstheologie, und zwar dort, wo Rahner die Inspiration des Alten Testaments beschreibt: Das Alte Testament ist inspiriert, weil die Geschichte des Alten Bundes auf Christus hin ausgerichtet ist. Könnte das – so fragt Vempeny – nicht ein Modell sein, das man auch auf andere Religionen und ihre Schriften anwenden kann? Das Zweite Vatikanische Konzil hatte ja über die Nichtchristen gesagt: „Was sich ... an Gutem und Wahrem bei ihnen findet, wird von der Kirche als Vorbereitung für die Frohbotschaft und als Gabe dessen geschätzt, der jeden Menschen erleuchtet, damit er schließlich das Leben habe" (LG 16).

Von da aus stellt Vempeny die These auf: Es kann von einer „analogen Inspiration" der heiligen Schriften anderer

Religionen gesprochen werden. Weil die nichtbiblischen Schriften die konstitutiven Elemente der nichtchristlichen Religionen sind und „weil Gott die Mit-Ursache, der Mit-Verfasser und daher der Mit-Begründer dieser Religionen durch seine Interventionen in ihrer Geschichte ist ... und weil diese Religionen auf Christus und seine Kirche hin orientiert sind wegen seiner immanenten, theologischen, vergöttlichenden Gegenwart in ihnen, deshalb sagen wir: Die nichtbiblischen Schriften sind von Gott mitverursacht. Und folglich sind sie auch wahrhaft, jedoch in analoger Weise von Gott inspiriert, trotz der Tatsache, dass die in ihnen enthaltene Botschaft wie im Fall des Alten Testaments unvollendet ist und auf Erfüllung wartet."[47]

In ähnlicher Weise versucht der Jesuit *G. Gispert-Sauch*[48] das Verhältnis der Inspiration der Bibel zu den heiligen Schriften anderer Religionen zu bestimmen. Er fasst in seinem Aufsatz die Ergebnisse der langjährigen Arbeit einer indischen studentischen Forschungsgruppe zusammen. Er weist auf zwei beachtenswerte Punkte hin:

1. Es gibt innerhalb der christlichen Bibel eine „Hierarchie" von Texten. Das drückt sich zum Beispiel in der kirchlichen Leseordnung aus: Nicht alle Texte werden im Laufe des Kirchenjahres gelesen; in der Auswahl, die die liturgischen Bücher treffen, drückt sich eine unterschiedliche Wertung verschiedener Texte der Schrift aus. Damit wird im Grunde anerkannt, dass es so etwas wie verschiedene „Grade" der Inspiration gibt.

2. Die christliche Liturgie kennt auch eine Wertschätzung nichtbiblischer Texte: In der Lesehore des Stundengebets werden nicht nur biblische Texte vorgetragen, sondern auch Texte von Kirchenvätern, Gedanken von Theologen des Mittelalters, geistliche Literatur aus Neuzeit und Gegenwart sowie Konzilstexte und andere lehramtliche Texte.

Allerdings scheut er sich, generell von einer „Inspiration" der heiligen Schriften nichtchristlicher Religionen zu sprechen.

Diese Scheu kennt der französische Fundamentaltheologe und frühere Leiter der École biblique et archéologique française in Jerusalem, *Claude Geffré*, nicht. Er fasst die Ausdrücke Wort Gottes, Heilige Schrift und Inspiration als analoge Begriffe auf, das heißt: In Bezug auf andere Religionen kann man von Wort Gottes, Heiliger Schrift und Inspiration in einer Weise sprechen, die der Weise, wie wir diese Begriffe auf das Christentum anwenden, ähnlich und zugleich unähnlich ist. Das ist aus folgendem Grund möglich: „Man kann die jedes Maß sprengende Heilsgeschichte nicht auf die kurze Folge von Ereignissen reduzieren, die mit der Geschichte Israels und der Kirche zusammenfällt. ... Die Heilsgeschichte ist eine *differenzierte* Geschichte im Rhythmus der großen Bundesschlüsse zwischen dem Schöpfer- und Befreiergott und den Völkern der Erde."[49] Wenn nach den Aussagen des Zweiten Vatikanums die Handlungs- und Lebensweisen, die Vorschriften und Lehren der anderen Religionen „nicht selten einen Strahl der Wahrheit erkennen lassen, die alle Menschen erleuchtet" (NA 2), dann gilt auch: „Wenn die anderen Religionen ungeachtet ihrer Mängel Samenkörner der Wahrheit und Güte in sich bergen, wie sollte man dann nicht in ihren Schriften oder sogar in ihren mündlichen Überlieferungen in gewisser Weise das Wort Gottes erkennen? Sie sind nicht einfach nur das Produkt der religiösen Begabung des Menschen."[50] Und „je besser wir die spirituellen Schätze der anderen Religionen kennen, um so mehr sind wir dazu aufgefordert, die Einzigartigkeit des Christentums einer schöpferischen Neuinterpretation zu unterziehen."[51] Gott spricht auch durch Menschen außerhalb der israelitisch-christlichen Tradition. Schon das Alte Testament kennt eine „Fremdprophetie"; ein Beispiel ist der Seher Bileam, den Gott als sein Werkzeug benutzt (Num 22). „Gemäß der Pädagogik Gottes selbst, wie sie in der Geschichte Israels gesehen werden kann, verhilft die Fremdprophetie zu einem besseren Verständnis der eigenen Identität."[52]

Gibt es unter diesen vielen verschiedenen Spielarten gegenwärtiger Inspirationstheologie so etwas wie einen gemeinsamen Nenner? Sicherlich nicht in dem Sinne, wie man von „der" neuscholastischen Inspirationslehre sprechen kann. Keiner der theologischen Autoren, die in diesem Kapitel dargestellt wurden, würde auch von sich behaupten wollen, er lehre *die* katholische Inspirationstheologie. Ein gemeinsames Kennzeichen der Ansätze ist auf jeden Fall ihre Selbstbescheidung: Sie verstehen sich als Denkversuche und Diskussionsbeiträge.

Mit aller Vorsicht kann man allenfalls folgende drei Punkte als „Trend" der Neuansätze um das Zweite Vatikanum und seit dem Zweiten Vatikanum herausfiltern:

1. Man entfernt sich davon, Inspiration als eine sozusagen von *außen* kommende Bestätigung der „Göttlichkeit" von Schriften zu beschreiben, und versteht Inspiration als *innere* Qualität von Texten: Die Texte sind inspiriert, insofern in ihnen etwas von der Selbstmitteilung Gottes aufleuchtet, der sich dem Menschen zu seinem Heil zuwendet.

2. Man fixiert sich nicht auf den Produktionsprozess allein, sondern siedelt „Inspiration" von vornherein im Strukturzusammenhang von Glaubensgemeinschaft, Autor, Text und Leser an. So spricht Max Seckler davon, dass die Bibel „geistgewirktes (Ursprungsrelation), geisterfülltes (innerer Qualifikator) und geistwirkendes (Erfahrungsdimension) Zeugnis des Wortes Gottes"[53] ist.

3. Der Inspirationsgedanke wird weniger als früher zur Grenzziehung zwischen biblischen und außerbiblischen Schriften verwendet, sondern zur Herausstellung des Beziehungsge-

flechts, in dem die biblischen Texte stehen. Die Inspiration der Schrift wird in den Horizont des Lebensprozesses der Glaubensgemeinschaft gestellt, die eine Lebens-, Lese- und Rezeptionsgemeinschaft ist; in den Horizont der vielfältigen Formen menschlicher Religiosität; in den Horizont von Geistesgeschichte, von geistigem und kulturellem Schaffen überhaupt. Der Inspirationsbegriff dient weniger der Abgrenzung, sondern eher der Herausarbeitung von gemeinsamen Strukturen: Innerhalb und außerhalb der Bibel mischt sich Inspiriertes und Nicht-Inspiriertes und gibt es ein Aufleuchten Gottes in Menschenwort. Bei all diesen Versuchen, Inspiration nicht als Abgrenzungsbegriff, sondern als Beziehungsbegriff zu verstehen, ist jedoch auch klar: Der besondere Rang der Bibel wird nicht in Frage gestellt. Was im Volk Israel und in Jesus Christus geschehen ist, hat unwiderruflichen und unüberbietbaren Charakter. Und deshalb haben die Schriften, die die Grunderfahrungen und Grundüberzeugungen festhalten, eine einzigartige Stellung; ihre Inspiration ist so etwas wie eine „grundlegende" und „normative" Inspiration.

3.
Wie man heute von der Inspiration der Schrift reden kann – ein Versuch einer theologischen Bilanz

Wer sich lediglich aus historischem Interesse mit der Inspiration der Schrift beschäftigt, kann an diesem Punkt das Buch getrost beiseite legen. Er wird damit zufrieden sein, ein Stück weit die Denkbemühungen der Theologen im Lauf der Geschichte bis heute nachvollzogen zu haben und zu wissen, welche Pflöcke das kirchliche Lehramt als Eckpfeiler gesetzt hat. Aber Theologie ist mehr als eine historische Disziplin. Theologie will nicht nur darstellen, was dieser oder jener Theologe oder dieses oder jenes Konzil im Lauf der Geschichte gesagt hat, sondern will auch eine Bilanz aus dieser Entwicklung ziehen: Was können wir heute aus diesen Denkbemühungen der Geschichte lernen? Wie können wir angesichts der Leistungen dieser Denkansätze, aber auch angesichts der Schwächen, der Holzwege und Irrwege der Theologiegeschichte heute von der Inspiration der Schrift reden? Wie kann eine zeitgemäße Inspirationstheologie aussehen, die aus den Stärken und Schwächen der dargestellten Ansätze lernt und auf dem Hintergrund der Fragen suchender und kritischer Menschen unserer Zeit tragfähig ist?

Im folgenden Kapitel soll eine solche „Bilanz" versucht werden: Was ergibt sich „unterm Strich" aus den zahlreichen Denkbemühungen auf dem Feld der Inspirationstheologie? Wie können wir heute von „Inspiration" der Schrift reden? Wurde bis jetzt die Frage der Inspiration so betrachtet, dass die verschiedenen Theorien und kirchlichen Entscheidungen in ihrem zeitlichen Nacheinander dargestellt wurden, so sollen jetzt die verschiedenen Aspekte der Sache in ihrem logischen Ineinander und Zueinander in den Blick genommen werden.

Ein Blick auf die Teilfächer der Theologie kann das Gesagte nochmals verdeutlichen: Man unterscheidet bei den theologischen Fächern vier verschiedene Gruppen:

Da sind erstens die so genannten „biblisch-theologischen" Fächer, die danach fragen: Wie beschreibt die Bibel, was christlicher Glaube ist? Hierher gehören die Exegese des Alten und die des Neuen Testaments.

Dann gibt es zweitens die „historisch-theologischen" Fächer, deren Fragestellung heißt: Wie hat sich der Glaube im Lauf der Geschichte entfaltet? Es geht um Kirchen- und Theologiegeschichte. Dieser Fragestellung waren die vorausgehenden beiden Kapitel verpflichtet.

Jetzt aber kommt – drittens – die Fragestellung der „systematisch-theologischen" Fächer in den Blick: Wie lässt sich die „Sache" des Glaubens in ihrer inneren Logik darstellen? So fragt die *Fundamentaltheologie* – grob vereinfacht gesagt – danach, warum Christen glauben, die *Dogmatik* danach, was Christen glauben, und die *Moraltheologie* (oder *theologische Ethik*) danach, wie Christen aus dem Glauben heraus handeln. Um diese „systematisch-theologische" Fragestellung geht es in den folgenden Ausführungen. Es geht dabei vor allem um die Zugangsweise der Dogmatik, die fragt: Wie können Christen heute an eine Inspiration der Schrift glauben? Wie können denkende, suchende und kritische Christen unserer Zeit die Inspiration der Schrift verstehen?

Der Vollständigkeit halber sei erwähnt, dass es eine vierte Fächergruppe gibt, die „praktisch-theologischen" Disziplinen – hierzu gehören z. B. Pastoraltheologie und Religionspädagogik.

Diese Disziplinen fragen: Wie kann heute eine angemessene christlich-kirchliche Praxis aussehen, die einerseits der Situation der Menschen unserer Zeit und andererseits unserem christlichen überlieferten Grundauftrag gerecht wird? Diese Fragestellung wird allerdings im Folgenden nicht ausdrücklich verfolgt, wenngleich sie im Hintergrund durchaus eine Rolle spielt.

1. Die „Sache" der Inspirationstheologie

Als Erstes ist zu fragen: Worum geht es eigentlich bei der Inspiration der Schrift? Man ist versucht zu sagen: Es ist doch ganz klar: um die göttliche Herkunft der Schrift. Aber schon die Darstellung der verschiedenen Inspirationstheorien hat gezeigt, dass das gar nicht so eindeutig ist. Geht es nur um den inspirierten Ursprung der Schrift? Hat Inspirationstheologie nicht genauso auch mit der inspirierenden Wirkung der Bibel zu tun? Handelt Inspirationstheologie nur vom „Damals", spricht sie nicht genauso auch vom „Heute"?

Geht man von der Bedeutung des Wortes „Inspiration" aus, das mit dem Begriff „spiritus" (Geist) zu tun hat, könnte man ganz grundlegend sagen: Der Theologie der Schriftinspiration geht es um den Zusammenhang von Heiligem Geist und Heiliger Schrift. Was hat die Bibel mit dem Geist Gottes zu tun?

Von daher ergibt sich als „Ort" der Inspirationstheologie innerhalb der Theologie (genauer gesagt der Systematischen Theologie, oder nochmals genauer gesagt: der Dogmatik): Die Theologie der Inspiration der Schrift gehört in den Zusammenhang der Lehre vom Heiligen Geist; sie hat ihren Platz in der „Pneumatologie".

Das scheint einleuchtend, ist aber ganz und gar nicht selbstverständlich. Der Dominikanertheologe Melchior Cano hatte in der frühen Neuzeit die Inspirationstheologie in der „Theologischen Erkenntnislehre" angesiedelt, d. h. in der Einleitung in die Dogmatik. Die „Theologische Erkenntnislehre" fragt: Aus welchen Quellen schöpft die Theologie ihre Erkenntnisse? Woran hat sich ihr Denken zu orientieren? Die Antwort heißt natürlich unter anderem: Eine ganz wichtige Erkenntnisquelle ist die Schrift. Und warum? Weil sie Gottes Wort ist, von ihm inspiriert. Wenn man die Inspirationstheologie hier ansiedelt, dann ist ihre eindeutige Aufgabe: Sie hat zu begründen, warum die Bibel als Quelle theologischer Erkenntnis dienen kann. Man ist von vornherein beim Thema: Begründung der Autorität der Bibel. Die Begründungsfrage ist wichtig. Aber sie ist noch nicht das Ganze. Wenn man die Inspirationsfrage ausschließlich in der „Theologischen Erkenntnislehre" ansiedeln wollte, dann wäre man genau der neuzeitlichen Engführung der Bibel auf eine Fundgrube für theologische Argumente und der Engführung der Inspirationstheologie auf die Begründung des Wahrheitsanspruchs der Bibel erlegen. Nicht umsonst wurde gerade am Anfang der Neuzeit die Inspirationstheologie hier zugeordnet! Wenn die Bibel aber Lebensbuch der Kirche und des einzelnen Christen ist, dann gehört die Inspirationstheologie in die Lehre vom Heiligen Geist hinein. Dann geht es um die Frage: Wie wirkt der Heilige Geist, und welchen Platz hat innerhalb dieses Geistwirkens die Heilige Schrift? Von diesem Ausgangspunkt aus soll im Folgenden dargestellt werden, wie heute die Inspiration der Schrift verstanden werden kann.

2. Heilige Schrift und Heiliger Geist

Ein neutraler, nicht von israelitisch-christlichen Grundüberzeugungen ausgehender Beobachter würde sofort fragen: Wieso sollen diese Schriften etwas mit Gott und seinem Geist zu tun haben? Die Entstehung dieser Schriften ist doch Menschenwerk, Ergebnis eines Entwicklungsprozesses, Produkt bestimmter historischer Konstellationen. Da gab es Menschen, die durch ein Ereignis beeindruckt waren – zum Beispiel die Mose-Gruppe, die mit knapper Not den ägyptischen Verfolgern entkommen ist und jetzt nicht einfach sagt: Glück gehabt, sondern: Unser Gott hat uns gerettet. Am Anfang steht immer eine Gruppe von Menschen, die eine geschichtliche Erfahrung macht und diese als Ausdruck der Zuwendung eines Gottes deutet, der ein Interesse an ihnen hat. Im Zuge weiterer Erfahrungen mit Schöpfung und Geschichte festigt sich diese Überzeugung, und es formiert sich eine Glaubensgemeinschaft. Die grundlegenden Erfahrungen, denen sie ihre Existenz verdankt, werden auf verschiedene Weise ins Wort gebracht: Bekenntnisse, Hymnen, Erzählungen und viele andere sprachliche Ausdrucksformen entstehen. Diese Formulierungen tragen zur Identitätsbildung der Gemeinschaft bei. – Je größer der zeitliche Abstand zu diesen grundlegenden Erfahrungen wird, desto wichtiger wird die schriftliche Fixierung der Überlieferungen. Oft sind Identitätskrisen der Auslöser dafür, dass die grundlegenden Überzeugungen der Gemeinschaft einen schriftlichen Ausdruck finden. (In der Geschichte Israels spielt in diesem Zusammenhang das babylonische Exil eine wichtige Rolle.) Unter dem Eindruck neuer Erfahrungen werden die bereits vorhandenen Texte neu gelesen, neu verstanden, ergänzt, korrigiert und in neue Sinnzusammenhänge eingefügt. (So hat

z. B. der Prophet Amos den Untergang des Volkes angekündigt – als Folge der gravierenden Vergehen gegen die Menschlichkeit und damit gegen die Weisung eines Gottes, der will, dass es in seinem Volk gerecht zugeht, weil es nur so Bestand haben kann. Die Katastrophe ist eingetreten. Aber es gab einen Neuanfang: Die Deportierten dürfen zurückkehren. Und nun kann man die Unheilsbotschaft des Propheten nicht einfach stehen lassen; man fügt (Amos 9,11–15) eine Heilsbotschaft an, die dem entspricht, was man inzwischen an neuen Erfahrungen gemacht hat.) – Und eines Tages machen Menschen Erfahrungen mit Jesus: Er geht gemeinschaftsstiftend, heilend, ermutigend, versöhnend und aufrichtend auf Menschen zu und deutet diesen Umgang mit den Menschen als Anbruch des Reiches Gottes. Er bleibt seiner Botschaft treu, auch als er auf Widerstand stößt, und geht für sie bis in den Tod. Seine Anhänger machen mitten in ihrer Verzweiflung und Hoffnungslosigkeit eine Erfahrung eines neuen Anfangs: Jesus lebt und ist in einer neuen Weise bei uns. Und auf diesem Hintergrund deuten sie ihre Erfahrungen mit Jesus als definitive Zuwendung Gottes: Hier ist Gott auf sein Volk in einer Weise zugegangen, die nicht mehr zu überbieten ist und die er nicht mehr rückgängig macht. Diese „gedeutete Erfahrung" findet ihren sprachlichen und später auch schriftlichen Ausdruck in vielen Texten, die der „Jesus-Bewegung" als Grundlage dienen. Bestimmten Texten wird eine besondere Wertschätzung entgegengebracht, weil man in ihnen die Grundlagen des eigenen Glaubens wiedererkennt und weil man ihre verbindende und aufbauende Kraft spürt. Diejenigen Texte, die von allen Gemeinden anerkannt werden, werden zu „kanonischen", d. h. normativen Texten; ihre Wertschätzung drückt sich darin aus, dass sie – ebenso wie die Schriften des Volkes Israel – im Gottesdienst vorgelesen werden.

Kurz zusammengefasst: Dem neutralen Forscher, der nicht von vornherein die israelitisch-christlichen Überzeugungen teilt, stellt sich der Entstehungsprozess der Schriften des Alten und Neuen Testaments so dar: Die Texte wachsen aus dem Lebensprozess der Glaubensgemeinschaft heraus und dienen der Förderung dieses Lebensprozesses.

Die glaubende Gemeinschaft freilich entdeckt in diesem menschlichen, oft allzu-menschlichen geschichtlichen Prozess über das hinaus, was jeder Forscher entdecken kann, eine tiefere Dimension: Sie ist der Überzeugung: Der gesamte Lebensprozess der Glaubensgemeinschaft – und damit auch der Prozess der Entstehung der Schriften sowie der Umgang mit diesen Texten – ist vom *Geist Gottes* getragen. Und das lässt diesen geschichtlichen Prozess nochmals in einem neuen Licht erscheinen. Wie sieht die Bibel das Wirken des Geistes Gottes, und was haben von daher die heiligen Schriften mit Gottes Geist zu tun? Das soll im Folgenden erläutert werden.

2.1. Heiliger Geist und Selbstmitteilung Gottes

Das Volk Israel lebt in der Grundüberzeugung: Gott hat sich uns mitgeteilt. Er ist unser Gott, wir sind sein Volk. Sein Name ist „Jahwe", und dieser Name drückt aus: Ich bin für euch da, ich werde mich immer wieder neu als der helfende, beistehende und treue Gott erweisen.

Immer wieder spricht das Alte Testament von Gottes „ruach" als einer Kraft, die im göttlichen Handeln an Welt und Mensch eine Rolle spielt. „ruach" bedeutet zunächst „Wind" und „Atem", genauer gesagt: die im Wind- und Atemstoß spürbare Kraft, deren Woher und Wohin rätselhaft bleibt. Den Wind kann man nicht sehen, wohl aber die Blätter, die er von den Zweigen reißt. Den Atem kann man nicht sehen, aber die von einem heftigen Atemstoß ausgeblasene Kerze. Kein Wunder, dass dieses Wort auch dazu benutzt wird, Gottes rätselhafte und doch spürbare Wirksamkeit zu beschreiben. Gott bleibt unsichtbar und rätselhaft, aber die Spuren seines Wirkens sind unübersehbar. Gottes „ruach" ist für den Israeliten eine Kraft, die Leben schafft und Gottes Wirken begleitet oder vermittelt. In den späteren Schriften des Alten Testaments wird „ruach" immer mehr zu einem Begriff, der kein spezifisches Handeln Gottes mehr beschreibt (Jes 34,16; 63,10.11.14; Ps 51,13; 139,7; 143,10; Neh 9,20), ja sogar zum Synonym für Gott selber; und jetzt kommt es auch zum feststehenden Ausdruck „heiliger Geist" (Jes 63,10.11; Ps 51,13).

Für das Neue Testament ist klar: In Jesus ist die Zuwendung Gottes zum Höhepunkt gelangt. Welche Rolle spielt hier der Geist Gottes? In einer frühen, von Paulus in Röm 1,3 f aufgegriffenen Glaubensformel ist von Jesus die Rede, der „dem Fleisch nach geboren ist als Nachkomme Davids, der dem Geist der Heiligkeit nach eingesetzt ist als Sohn Gottes in Macht seit der Auferstehung von den Toten". Der Geist ist es also, der Jesus zu Gottes Sohn macht. Was hier erst an der Auferstehung Jesu festgemacht wird, wird von den Synoptikern (Markus, Matthäus, Lukas) bereits im irdischen Leben Jesu lokalisiert: Bei der Taufe im Jordan kommt Gottes Geist auf Jesus herab und erfüllt ihn von da an in seinem gesamten öffentlichen Wirken. Und die Kindheitsgeschichten bei Matthäus und Lukas bringen schon die Empfängnis Jesu mit dem Heiligen Geist in Verbindung. Und bei Paulus und Johannes ist Jesus darüber hinaus der ewige, menschgewordene Sohn des Vaters und deshalb nicht nur Empfänger des Geistes, sondern Träger und Geber des Geistes wie Gott selbst (Röm 8,9; Joh 20,22 f).

Mehr noch: Der Christ wird nach dem Zeugnis des Neuen Testaments in diese Geisterfülltheit Jesu hineingenommen:

„Weil ihr aber Söhne seid, sandte Gott den Geist seines Sohnes in unser Herz, den Geist, der ruft: Abba, Vater. Daher bist du nicht mehr Sklave, sondern Sohn; bist du aber Sohn, dann auch Erbe, Erbe durch Gott" (Gal 4,6 f). Christliche Existenz ist Erfülltsein vom Geist.

Spätere christlich-theologische Reflexion geht – biblische Ansätze vertiefend – nochmals einen Schritt weiter: Jesus ist die Inkarnation des Logos (des ewigen Wortes), in dem sich der Vater von Ewigkeit her ausspricht. Und der Geist ist nicht nur eine nach außen wirkende göttliche Kraft, sondern gehört als das Band der Liebe zwischen Vater und Sohn immer schon in das Wesen Gottes hinein. Sohn und Geist sind nicht nur Weisen, wie Gott sich in der Geschichte zeigt, sondern Gott ist in sich schon Gemeinschaft und Beziehung: ein Ineinander von Vater, Sohn und Geist. Und wenn den Christen der Geist Gottes verliehen ist, dann heißt das zugleich: Sie sind hineingenommen in die innergöttliche Beziehung, sie haben teil am Gottesverhältnis Jesu.

2.2. Heiliger Geist und Auferbauung der Glaubensgemeinschaft

Gottes Selbstmitteilung – das ist biblische Überzeugung – richtet sich niemals nur an einzelne Personen, sondern an eine Gemeinschaft. Gottes Zuwendung zielt auf die Auferbauung einer Glaubensgemeinschaft hin. Auch in diesem Zusammenhang spielt der Geist Gottes eine wichtige Rolle:

Das Alte Testament erzählt davon, dass Gottes Geist in bestimmten Personen wirkt, die für den Bestand des Volkes Sorge tragen: Er befähigt charismatische Führergestalten zu besonderen Taten – so schildert es das Buch der Richter. Charakteristisch ist, dass der Geist Gottes einen Menschen überfällt und eine begrenzte Zeit lang Außergewöhnliches durch ihn wirkt. Später wird das Königtum mit dem Geist Jahwes in Verbindung gebracht; und hier vollzieht sich eine Wandlung im Verständnis des Geistes Gottes: Er wirkt nicht nur gelegentlich auf Menschen ein, sondern er wird auf Dauer verliehen. In der Zeit während des Exils und danach wird dann auch die Prophetie mit dem Geist in Verbindung gebracht. Ezechiel spricht im Zusammenhang mit seinen Visionen immer wieder von der „ruach". Und in der Zeit nach dem Exil wird auch alle vorausgegangene Prophetie als geistgewirktes, inspiriertes Reden begriffen. Die nachexilischen Propheten verheißen: Das endzeitliche Heil besteht in der Verleihung des Geistes – an den künftigen messianischen König (Jes 11,2) und an das ganze Gottesvolk (Joel 3,1–5). Die letztgenannte Verheißung sieht Lukas dann im Pfingstereignis erfüllt.

Für das Neue Testament ist klar, dass der Geist die Menschen nicht nur mit Gott verbindet, sondern auch untereinander. Der Geist baut Kirche auf. Das neue Gottesvolk ist Werk des Geistes und vom Geist getragen.

Für Paulus verbindet der Geist die Christen miteinander zum Leib Christi: „Durch den einen Geist wurden wir in der Taufe alle in einen einzigen Leib aufgenommen, … und alle wurden wir mit dem einen Geist getränkt" (1 Kor 12,13). Die „Charismen", die Gnadengaben, die den einzelnen Christen geschenkt sind, damit sie einander in der Gemeinde dienen, sind vom Geist gewirkt. Bezeichnend ist, dass nicht nur die außergewöhnlichen Gaben wie Wunderkräfte, Heilungsgabe, Zungenrede für Paulus Gaben des Geistes sind. Auch das Dienen, Trösten und Ermahnen (Röm 12,7f) sind Charismen! Ja, oftmals ist eher Zweifel bei den außergewöhnlichen Gaben angebracht: Diese können leicht dazu führen, dass man sich als etwas Besseres fühlt, dass man sich über andere erhebt oder von anderen zu etwas Besonderem gemacht wird – so erlebt es Paulus leidvoll in der Gemeinde von Korinth. Das entscheidende Kriterium ist: Dient es dem Aufbau der Gemeinde? Ist es ausgerichtet auf den Nutzen aller? In 1 Kor 13 bringt es Paulus auf eine knappe Formel: Das Entscheidende ist die Liebe.

Auch für Lukas spielt der Geist eine wichtige Rolle: Die Zeit der Kirche ist für ihn die Zeit des Geistes. Seit der Ausgießung des Geistes an Pfingsten lenkt der Geist die Kirche – so lässt die Apostelgeschichte an vielen Stellen erkennen.

Im Johannesevangelium haucht Jesus nach seiner Auferstehung den Jüngern den Heiligen Geist ein (Joh 20,22). Man muss wissen, dass die Jünger bei Johannes immer für die ganze Gemeinde stehen. Die johanneische Gemeinde ist also von der Überzeugung getragen: Wir alle sind vom Geist erfüllt und geleitet.

2.3. Heiliger Geist und „Dienste am Wort"

Unter den vielen Charismen sind in unserem Zusammenhang besonders die hervorzuheben, die die Erfahrungen mit Gottes Zuwendung „ins Wort" bringen. P. Grelot spricht – so wurde es bereits oben beschrieben – von Charismen, die eine dauerhafte Funktion begründen, und unter diesen „funktionellen Charismen" nennt er als eine Gruppe die „Dienste am Wort".

Man könnte auch sagen: Das Wirken des Geistes baut die Glaubensgemeinschaft auf. Unter seinen vielfältigen Wirkweisen ist in unserem Zusammenhang eine besonders hervorzuheben: Der Geist öffnet die Augen für das Wirken Gottes. Er befähigt dazu, Geschichte als Geschichte Gottes mit den Menschen zu deuten. Er ist sozusagen der „Interpret" der heilsgeschichtlichen Selbstmitteilung Gottes. Er bringt das Ereignis der Zuwendung Gottes zum Menschen „ins Wort".

Es scheint unmittelbar einleuchtend zu sein, dass „Geist" und „Wort" zusammengehören. Es ist aber alles andere als selbstverständlich. Wenn sich in der Zeit vor dem Exil ein Prophet auf Gott beruft, um dem Volk eine Botschaft mitzuteilen, redet er niemals vom „Geist" Gottes. Er erklärt vielmehr lediglich, ein „Wort" Gottes empfangen zu haben. Diejenigen Propheten und Prophetengruppen jedoch, die in ekstatische Verzückung geraten, gelten als vom „Geist" bewegt. Diese wiederum bringen aber keine Botschaft ins Wort. Der „Geist Gottes" scheint wenig mit dem „Wort Gottes" zu tun zu haben.

Das ändert sich in der Exilszeit: Bei Ezechiel wird die „ruach" zur Vermittlerin göttlicher Offenbarung. Und die nachexilische Theologie bindet „Geist" und „Wort" immer stärker aneinander: Es ist das Werk des Geistes, die Erkenntnis Gottes zu vermitteln. Der Geist lässt Gottes Walten nicht nur in der Geschichte erkennen, sondern auch in der Schöpfung. Damit werden nicht nur die Propheten, sondern auch die Weisheitslehrer mit dem Geist Gottes in Verbindung gebracht. Wenn sie vom „Geist" sprechen, wird oft nicht klar unterschieden, wo es um die Äußerung menschlicher Lebenskraft geht und wo es sich um ein von außen kommendes besonderes Einwirken Gottes handelt (vgl. etwa Ps 51,12–14). Die weisheitliche Inspiration unterscheidet sich von der prophetischen in zweierlei Hinsicht: Der Prophet ist Empfänger einer Offenbarung, der Weisheitslehrer (oder Schriftgelehrte) – soweit er nicht einfach Lebensweisheit vermittelt – interpretiert lediglich vorausgegangene Offenbarung und wendet sie auf neue Situationen an. Und: Während der Prophet eher passiv Gottes Offenbarung entgegennimmt, werden die natürlichen Gaben des Schriftgelehrten und sein eigenes Streben viel mehr in das Inspirationsgeschehen einbezogen – auch wenn die Inspiration natürlich auch hier als Gabe Gottes gesehen wird.[54]

In nachexilischer Zeit werden „Geist" und „Wort" oftmals in einem Atemzug genannt: „Mein Geist ruht auf dir, und meine Worte habe ich in deinen Mund gelegt." (Jes 59,21) Der protestantische Exeget Eduard Schweizer beschreibt den Bezug beider Begriffe folgendermaßen: „Während ‚Geist' stärker die alles überwältigende, oft unbegreifliche Macht des Gottesgeschehens bezeichnet, unterstreicht ‚Wort' die andere Seite, dass Gott auch zur Erkenntnis und zum Bekenntnis führen will, dass auch Klarheit werden soll über sein Wollen und Wirken ... Ganz kommt also der Geist erst zum Ziel, wenn er auch zum ‚Wort' wird, in dem der Mensch es wagen lernt, nicht nur bei einem unbestimmten Gefühl stehen zu bleiben und ein Geheimnis anzuerkennen, sondern es auszusprechen ..."[55] Am Ende der alttestamentlichen Zeit steht also die Überzeugung: Der Geist hat die Aufgabe, Gottes Zuwendung in Schöpfung und Geschichte „ins Wort zu bringen".

Im Neuen Testament findet sich wiederholt der Gedanke, dass die Weissagungen der alttestamentlichen Schriften Werk des Geistes sind. Markus ist der Überzeugung, dass hinter dem messianischen Psalm 110 der Geist Gottes steht (Mk 12,36). Nach Lukas hat der Heilige Geist durch David (Apg 1,16;4,25) und Jesaja (Apg 28,25) gesprochen. Und 2 Petr 1,21 stellt lapidar fest: „Niemals wurde eine Weissagung ausgesprochen, weil ein Mensch es wollte, sondern vom Heiligen Geist getrieben haben Menschen im Auftrag Gottes geredet." Noch einen Schritt weiter geht 1 Petr 1,11: Der in den Propheten wirkende Geist ist der Geist Christi. Das Geistwirken im Volk Israel und in der jungen Kirche wird hier eng aneinander gebunden.

Dass die Deutung dessen, was in Jesus geschehen ist, durch die Verkündiger der jungen Kirche das Werk des Geistes ist, betont Paulus sehr deutlich: „Keiner kann sagen: Jesus ist der Herr, wenn er nicht im Heiligen Geist redet" (1 Kor 12,3). Und

Johannes deutet in den so genannten „Parakletsprüchen" den urkirchlichen Deutungs- und Überlieferungsprozess als Werk des Parakleten (des „Beistands"), den der Vater senden wird: „Wenn aber jener kommt, der Geist der Wahrheit, wird er euch in die ganze Wahrheit führen. Denn er wird nicht aus sich heraus reden, sondern er wird sagen, was er hört, und euch verkünden, was kommen wird. Er wird mich verherrlichen; denn er wird von dem, was mein ist, nehmen und es euch verkünden" (Joh 16,12–14). Er wiederholt also nicht einfach, was schon längst klar ist; die ganze Wahrheit ist nicht schon von Anfang an vollendet gegeben. Aber er bringt auch nichts schlechthin Neues; er fügt dem, was in Christus aufgeleuchtet ist, nicht additiv etwas Neues hinzu. Geistgeleitete Überlieferung ist weder bloße Rekonstruktion noch willkürliche Hinzufügung. Sie ist vielmehr Auslegung und Entfaltung dessen, was schon in Christus grundgelegt ist.

2.4. Heiliger Geist und Schrifttext

Der Zusammenhang von Geist und Schrift ergibt sich zwanglos aus dem eben beschriebenen Bezug von Geist und Wort. Die schriftliche Fixierung überlieferten Materials und die Anerkennung bestimmter Schriften als kanonisch führen den beschriebenen Prozess der Traditionsbildung weiter.

Man darf freilich nicht erwarten, in den biblischen Schriften selber umfassende Überlegungen über ihr eigenes Verhältnis zum Geist Gottes zu finden. Das Tun geht immer der Reflexion voraus; und so ist zu vermuten, dass erst nach der Schriftwerdung von Überlieferungen ein theologisches Nachdenken über diesen Vorgang stattfindet. Aber es gibt einige Hinweise in den Schriften selber, an die das spätere theologische Nachdenken anknüpfen kann:

Das Volk Israel ist der Überzeugung, dass Gott selber den Dekalog (die Zehn Gebote) geschrieben hat (Dtn 4,13; 10,4), und Gott fordert Menschen zum Schreiben auf (Ex 17,14; Jer 36,2.28). Aber beides wird bis zum Exil in keiner Weise mit dem Geist Gottes in Verbindung gebracht. Erst als die nachexilische Theologie das Wort Gottes und den Geist Gottes in engeren Bezug zueinander gesetzt hat, tritt auch das Verhältnis von Schrift und Geist stärker ins Bewusstsein. Die drei Größen Wort Gottes – Geist Gottes – Heilige Schrift rücken immer mehr zusammen.

So verwundert es auch nicht, dass die Schriften des Volkes Israel für die Urkirche eine große Bedeutung haben. Hinter den Büchern steht die Autorität Gottes; ein einziges „es steht geschrieben" beendet jede Diskussion (vgl. Mt 4,4–10). Die alttestamentlichen Schriften sind geistgewirkt; 2 Tim 3,16 ist der eindeutigste Beleg dafür.

Ein gravierender Unterschied zur jüdischen Synagoge besteht allerdings: Die Christen interpretieren die Schriften des Volkes Israel im Blick auf Christus. Und allmählich entstehen neue Schriften, in denen sich die apostolische Verkündigung niederschlägt. Grund dafür sind teils Notwendigkeiten der urchristlichen Mission (so entstehen die Paulusbriefe), vor allem aber der Generationenwechsel: Je mehr die ersten Zeugen aussterben, die bisher die Verbindung zur ersten Verkündigung hergestellt haben, desto stärker sind andere Formen der Rückbindung erforderlich: die Entwicklung klarerer Amtsstrukturen und die schriftliche Fixierung der ursprünglichen Botschaft. Die Schriften, die zunächst für eine konkrete Gemeinde bestimmt sind, gewinnen allmählich auch Bedeutung für andere Gemeinden und werden zu verbindlichen „kanonischen" Schriften. Dieser Prozess der Kanonisierung (Kanon = Richtschnur; kanonisieren = etwas zur Richtschnur machen, etwas als verbindlich erklären) ist schon in den späten Schriften des Neuen Testaments greifbar: 1 Tim 5,18 zitiert nebeneinander eine Stelle aus dem Alten Testament und aus dem Lukasevangelium und erklärt in Bezug auf beide gleichermaßen: Die Schrift sagt. Und 2 Petr 3,16 behauptet von den Paulusbriefen: „In ihnen ist manches schwer zu verstehen, und die Unwissenden verdrehen diese Stellen ebenso wie die übrigen Schriften zu ihrem eigenen Verderben." Die Formulierung „die übrigen Schriften" zeigt, dass man die Paulusbriefe offenbar ebenso wie die aus dem Judentum übernommenen Bücher als „Schriften" bezeichnet und ihnen die gleiche Autorität zuerkennt.

2.5. Fazit: Schriftinspiration als Moment der Inspiration des Lebensprozesses der Glaubensgemeinschaft

So lässt sich zusammenfassend sagen: Der ganze Vorgang der Selbstoffenbarung Gottes, der Auferbauung einer Glaubensgemeinschaft, der sprachlichen Artikulation der Heilserfahrungen ist von Gottes Geist getragen. Der gesamte Lebensprozess der glaubenden Gemeinde ist mithin „inspiriert". Somit sind auch die Schriften, die die grundlegenden Heilserfahrungen bleibend bezeugen, die Identität der Gemeinschaft sichern und die Lebensbewegung des Gottesvolkes inspirieren, Werk des Geistes, von ihm inspiriert.

Diese Beschreibung lehnt sich – wie unschwer zu erkennen ist – an den Ansatz Rahners und seine differenzierende Weiterführung durch Pierre Grelot an. Der Unterschied zu Rahner besteht darin, dass hier pneumatologisch (bei der Lehre vom Geist) und nicht ekklesiologisch (bei der Lehre von der Kirche) angesetzt wird. Der Unterschied zu Grelot liegt darin, dass das Wirken des Geistes nicht allein von der Charismenlehre her, sondern grundsätzlicher von der Rolle des Geistes in der Selbstmitteilung Gottes beschrieben wird. Ausgangspunkt ist also eine umfassende Theologie des Geistes – mit dem Schwerpunkt auf dem, was die Bibel selber bezüglich des Wirkens des Geistes bezeugt. Die Inspiration der Schrift wird in den großen Zusammenhang der Wirkweisen des Geistes eingeordnet. Was ergibt sich daraus näherhin für das Verständnis der Schriftinspiration?

3. Schriftinspiration als „Beziehungsbegriff"

Wenn Schriftinspiration als ein Moment der Inspiration des Lebensprozesses der Glaubensgemeinschaft zu verstehen ist, dann beschreibt der Begriff „Inspiration" nicht in erster Linie ein „Alleinstellungsmerkmal" der Schrift, sondern stellt die Schrift in ein größeres Umfeld hinein: in den Prozess der Selbstmitteilung Gottes, in den Vorgang der Auferbauung einer Glaubensgemeinschaft und in den Kontext der Glaubensbezeugung insgesamt. Mit anderen Worten: „Schriftinspiration" ist kein Abgrenzungs-, sondern ein Beziehungsbegriff. Daraus ergeben sich dann drei wichtige Kontexte der Schriftinspiration:

3.1. Der dialogische Charakter der Schriftinspiration

Wenn Schriftinspiration in den großen Zusammenhang der – vom Geist getragenen – Offenbarung Gottes hineingehört und wenn Offenbarung nicht primär Mitteilung von Satzwahrheiten ist, sondern Selbstmitteilung Gottes, personal-dialogische Begegnung Gottes mit den Menschen, dann bedeutet das: Inspiriert ist zunächst die personale Begegnung. Sie ist primärer Ort der Gottes- und Heilserfahrung. Das Christentum ist kei-

103

ne Buchreligion. Im Mittelpunkt steht nicht eine „Buchwerdung" Gottes, sondern seine Menschwerdung. Gott lässt nicht ein Buch vom Himmel fallen, sondern er spricht sich im Leben eines konkreten Menschen aus. Und Jesus schreibt kein Buch, sondern nimmt Kontakt zu Menschen auf: Er heilt, er richtet auf, er ermutigt, er stellt Gemeinschaft her, er weckt Leben, er ruft Menschen in seine Gemeinschaft – in der Überzeugung, dass sich in seinem Umgang mit den Menschen die Kommunikation Gottes mit ihnen vollzieht. Und die Jünger schreiben ebenfalls keine Bücher, sondern sie leben miteinander in Gemeinschaft und gründen Gemeinden – ebenfalls in der Überzeugung, dass sich in der zwischenmenschlichen Begegnung Kommunikation Gottes mit den Menschen ereignet. Wo Schriften entstehen, da haben sie eine Dienstfunktion: Sie bezeugen den Gott, der in der Begegnung mit Jesus und seinen Jüngern wirkt und der überall dort gegenwärtig ist, wo Menschen in Freiheit und Liebe miteinander umgehen. Und sie inspirieren dazu, diese Erfahrung immer neu zu machen und immer neu Begegnung zu wagen.

Karl Rahner hatte immer wieder davon gesprochen, dass die Heilige Schrift der Ausdruck des Glaubens der Urkirche sei. Im Anschluss an seine Formulierung diskutierte man oftmals die Frage: Ist die Schrift Ausdruck des Glaubens der Gemeinde, oder ist sie nicht vielmehr Wort Gottes an die Gemeinde? Eine müßige Frage, weil es sich um keinen Gegensatz handelt: Gottes Selbstmitteilung, seine Offenbarung ist von vornherein ein dialogisches Geschehen.

Es gibt kein Gotteswort ohne menschliche Wortgestalt. Wenn Gott zu Menschen redet, dann bedient er sich menschlicher Worte, und menschliches Wort ist immer zeit- und geschichtsbedingt. Es gibt, so gesehen, kein „zeitloses" Wort Gottes! Auch der Prophet, der unmittelbare Empfänger göttlicher

Offenbarung, hört es in *seiner* – von *seinem* sozialen Umfeld, von der Denkweise *seiner* Kultur, von *seinem* geschichtlichen Ort geprägten – Sprache und gibt es in dieser Sprache weiter.

Und umgekehrt: Die von der Glaubensgemeinschaft hervorgebrachten Texte sind nicht reiner Ausdruck menschlicher Überzeugungen, sondern sie verdanken sich dem Ursprungsimpuls Gottes, mit dem Gott diese Gemeinschaft ins Leben gerufen hat. Damit sind sie indirekt immer auch Ausdruck des „Wortes Gottes".

Zum Wort Gottes gehört immer schon im Ansatz seine Umsetzung in die konkrete geschichtliche Wirklichkeit hinein. Mündliche und schriftliche Traditionen sind immer zugleich Ausdruck der göttlichen Aktion *und* der menschlichen Reaktion, der Anrede Gottes an den Menschen *und* der Antwort der Gemeinde. „So ergibt sich das Paradox, dass das Wort Gottes, das allein Gott zu sprechen vermag, im *Menschenwort* zum Ausdruck kommen kann, ohne dass indessen *Gott* diese Sätze sprechen würde. Sätze in ihrem linguistischen Bestand werden nur von Menschen gesprochen. Aber Menschen können offenbar Sätze sprechen, in denen das Wort Gottes vernehmbar wird."[56]

Von daher wird auch verständlich, warum die heiligen Schriften nicht nur die ältesten und grundlegendsten Texte enthalten – etwa, was das Alte Testament betrifft, den Dekalog, oder, was das Neue Testament betrifft, die ältesten Bekenntnisformeln wie etwa Phil 2,6–11 oder das Auferstehungszeugnis in 1 Kor 15. Denn die Erstverkündigung will ins Leben hinein umgesetzt werden. Und die Texte der Heiligen Schrift spiegeln in vielfältiger Weise die Umsetzung der Grundbotschaft ins Gemeindeleben hinein wider. Sie sind gewissermaßen „Modelle", die der Kirche späterer Zeiten zeigen, wie die Verwirklichung des Ursprungsimpulses in die konkrete soziale

Wirklichkeit hinein erfolgen kann – und auch, wie unterschiedlich sie in unterschiedlichen Situationen aussehen kann und muss!

Dass etwa das Ehescheidungswort Jesu in verschiedenen Fassungen in den verschiedenen Evangelien überliefert ist, ist keine bedauerliche Ungenauigkeit, sondern Ausdruck des Bemühens der Gemeinden und ihrer Leiter, Jesu Willensrichtung auf die konkrete Gemeindewirklichkeit hin zu konkretisieren: Was würde Jesus, so wie wir ihn kennen, *uns* sagen? Und er würde gegenüber einer römischen Gemeinde des Markus, in deren Umfeld auch die Frau den Mann entlassen kann, sicher nicht einfach die Worte wiederholen, die er einer jüdischen Hörerschaft gesagt hat, in der es nur die Möglichkeit einer Scheidung seitens des Mannes gab. Der kreative Umgang der Evangelisten mit den Worten Jesu ist keine Verfälschung, sondern das Bemühen um Treue gegenüber der Intention Jesu. Ursprungsbotschaft und Umsetzung ins Leben in seinen vielfältigen Ausprägungen gehören zusammen.

3.2. Die ekklesiologische Dimension der Schriftinspiration

Wenn Schriftinspiration ein Moment der – vom Geist gewirkten – Auferbauung der Glaubensgemeinschaft ist, dann hat sie von vornherein ihren Platz in der Glaubensgemeinschaft als „Lesegemeinschaft". Das bedeutet: „Die Auslegung der Heiligen Schrift darf nicht allein eine individuelle wissenschaftliche Anstrengung sein, sondern sie muss immer mit der lebendigen Tradition der Kirche verglichen, in sie eingegliedert und durch sie beglaubigt werden"[57] – so erklärte Papst Benedikt XVI. 2009 vor den Mitgliedern der Päpstlichen Bibelkommission, die sich in diesem Jahr besonders mit der Inspiration und Wahrheit der Schrift befassten.

Das heißt jedoch nicht, dass die Schrift der Kirche untergeordnet sei. Indem die Kirche die Heilige Schrift liest, vergewissert sie sich ja gerade ihrer eigenen Voraussetzungen und Grundlagen, über die sie nicht verfügen kann. Darum gilt für das Lehramt, was das Zweite Vatikanische Konzil betont hat: „Das Lehramt ist nicht über dem Wort Gottes, sondern dient ihm" (DV 10). Das ökumenische Dokument „Communio Sanctorum" spricht in sehr gelungener Weise von fünf „Erkenntnis- und Bezeugungsinstanzen" der Offenbarung, die zusammenwirken müssen: die Heilige Schrift, die Überlieferung des Glaubens (Tradition), das Zeugnis des ganzen Volkes Gottes (Glaubenssinn der Gläubigen), das kirchliche Amt (Lehramt), die Theologie.[58] Wer bei der Auslegung die Tradition der Kirche außer acht lässt, läuft Gefahr – wie Benedikt XVI. in der zitierten Ansprache zu Recht betont –, in eine subjektivistische Auslegung hinein abzuleiten. Andererseits hat in der Geschichte der Kirche gerade die Beschäftigung mit der Bibel immer wieder das Verständnis dessen, was man in einer bestimmten Zeit für „Lehre der Kirche" hielt, entscheidend verändert. Die Bibel war immer wieder Ferment der Erneuerung. Das Lesen der Bibel und ihre wissenschaftliche Erforschung hat immer wieder zu einem neuen und vertieften Verständnis dessen geführt, was „Lehre der Kirche" ist; es hat geholfen, Einseitigkeiten zu korrigieren und Vergessenes wieder zu entdecken. (Bezeichnenderweise spricht auch Papst Benedikt XVI. in der zitierten Ansprache von der „lebendigen" Tradition der Kirche.)

3.3. Die Inspiriertheit aller Glaubenszeugnisse und die Schriftinspiration

Wenn weiterhin die Schriftinspiration ein Moment der – vom Geist getragenen – Bezeugung von Heilserfahrungen ist, dann ergibt sich daraus: Alle christlichen Glaubenszeugnisse sind geistgewirkt. Alle Bezeugung des Glaubens ist vom Geist getragen; denn christlicher Glaube ist von seinem Wesen her schon immer Anteilhabe am Gottesverhältnis Jesu – und damit Erfülltsein vom Geist. Alle schriftlichen authentischen Glaubenszeugnisse (etwa der Kirchenväter, Mystiker und anderer spiritueller Autoren) können als inspiriert gelten.

Dann stellt sich natürlich sofort die Frage: Worin besteht dann die Besonderheit der Inspiration der kanonischen Schriften, die ihre besondere Wertschätzung in der Kirche begründet? Darum geht es im folgenden Abschnitt.

4. Das Spezifische der Inspiration der Schrift

4.1. Schriftinspiration als Inspiration grundlegender und normativer Texte

Das Christentum ist keine Naturreligion, die den immer neu wiederkehrenden Kreislauf des Naturgeschehens als Ausdruck göttlichen Wirkens bekennt und feiert. Es weiß um ein Handeln Gottes nicht nur in der Schöpfung, sondern auch in der Geschichte. Damit ist es nach seinem eigenen Selbstverständnis bleibend auf seinen geschichtlichen Ursprung verwiesen: auf das, was Gott in der Geschichte des Volkes Israel und in Jesus gewirkt hat. Was in Jesus geschehen ist, ist Höhepunkt des Wirkens Gottes: Hier fallen nach christlicher Überzeugung das Ja Gottes zum Menschen und das Ja des Menschen zu Gott in einer geschichtlichen Person so zusammen, dass es darüber hinaus nichts Größeres mehr geben kann – außer der Einbeziehung der ganzen Welt in dieses Ereignis, dem Offenbarwerden dieses Geheimnisses für alle Welt am Ende der Zeiten.

Daher haben nicht alle Zeugnisse christlichen Glaubens durch die Zeiten hin gleiche Qualität. Die Texte, die in besonderer Nähe zu den Ursprungserfahrungen des alten und neuen Gottesvolkes stehen und diese in einer ursprünglichen Weise zum Ausdruck bringen, haben eine besondere Bedeutung. Sie stellen bleibend den Bezug zum geschichtlichen Ursprung her. Deshalb kommt den kanonischen Schriften eine besondere Wertschätzung in der Kirche zu: Das Neue Testament ist eine Sammlung von Christuszeugnissen mit einer besonderen zeitlichen und sachlichen Ursprungsnähe. Das Alte Testament ist das Zeugnis der Selbstmitteilung Gottes in der Geschichte des Volkes Israel, und was in Jesus nach christlicher Überzeugung geschehen ist, bliebe ohne diesen Hintergrund unverständlich.

Die ursprungsnahen Schriften gewinnen damit eine normative Bedeutung: Nur von ihnen her kann von einem späteren Zeugnis, das ebenfalls den Eindruck der Inspiriertheit erweckt und eine inspirierende Wirkung für den Glauben und das Leben der Christen entfaltet, behauptet werden: Dieses Glaubenszeugnis ist authentischer Ausdruck christlicher Überzeugung und tatsächlich vom Geist Gottes gewirkt. Die Inspiration der kanonischen Schriften ist die ursprüngliche und normative Inspiration. Nur von ihr her kann alle andere Inspiration als solche erkannt und verifiziert werden.

In einer Religion, die an eine Selbstmitteilung Gottes in der Geschichte glaubt, sind die Schriften von besonderer Bedeutung, die in besonderer Nähe zu den entscheidenden geschichtlichen Ereignissen stehen – das mag unmittelbar einleuchten.

Aber warum hat man – um das Beispiel des Neuen Testaments einmal durchzuspielen – ausgerechnet diese 27 Schriften in den Kanon aufgenommen? Man hätte ja auch nur die ältesten Schriften aufnehmen können oder die, die unbestreitbar von Aposteln stammten, oder nur die Evangelien, weil sie den irdischen Jesus besonders plastisch vor Augen stellen. Und wenn man schon die Grenze kurz nach der Wende vom 1. zum 2. Jhd. zieht – warum gehören manche Schriften noch zu den kanonischen Büchern, andere gleichzeitig oder sogar früher entstandene aber nicht?

4.2. Die Kriterien der Kanonizität

Die Entstehung des neutestamentlichen Kanons – auf ihn beschränken wir uns hier – ist ein äußerst komplexer Vorgang. Der Schriftkanon kam ja nicht so zustande, dass sich irgendwann kirchliche Verantwortungsträger miteinander Kriterien ausgedacht hätten, die über die Zugehörigkeit oder Nicht-Zugehörigkeit von Schriften entscheiden, und sie dann in einem zweiten Schritt auf die ihnen vorliegenden Schriften angewandt hätten. Es war vielmehr ein lebendiger Prozess: Bestimmte Schriften wurden in bestimmten Gemeinden gelesen und als Grundlage des gemeinsamen Glaubens wertgeschätzt. Irgendwann wurden sie auch von anderen Gemeinden übernommen. Bei vielen Schriften war es schon früh unumstritten, dass sie zu den grundlegenden Schriften gehören, bei anderen brauchte es einen längeren Verständigungs- und Entscheidungsprozess. Der Schriftkanon ist das Ergebnis eines langen Prozesses der Konsensbildung und Einigung zwischen den verschiedenen Gemeinden. Erst im Nachhinein kann man versuchen, die Kriterien herauszufiltern, die offenbar bei der Entscheidung über die Aufnahme oder Nicht-Aufnahme eines Buches maßgebend waren. Sehr vereinfacht lassen sich folgende Kriterien benennen:

a) Die apostolische Herkunft

Schriften, die von einem Apostel stammten, wurden als grundlegend und normativ betrachtet. So war es z. B. klar, dass die Paulusbriefe von besonderer Bedeutung für die junge Kirche sind.

Allerdings taucht sofort ein Problem auf: Zahlreiche Paulusbriefe (Eph, Kol, 2 Thess, 1 und 2 Tim, Tit) stammen nach dem Urteil heutiger Forscher nicht von Paulus selbst. Und die Briefe des Petrus, Jakobus und Johannes gehen ebenfalls nicht auf die betreffenden Apostel zurück. Es handelt sich um so genannte „pseudepigraphische" (unter nicht zutreffendem Verfassernamen laufende) Schriften. Es wäre allerdings unangebracht, sie als Fälschungen zu bezeichnen. In der Antike war es gang und gäbe, eine Schrift so zu verfassen, als sei sie das Werk eines berühmten Autors. Man wollte damit sagen: Das, was in dieser Schrift steht, würde er uns heute sagen, wenn er uns im Blick hätte. Man könnte es vergleichen mit der bekannten Rede des Indianerhäuptlings Seattle, in der dieser die Weißen vor dem Raubbau an der Natur warnt und die oftmals in Gottesdiensten mit ökologischer Thematik auftaucht: Sie stammt nicht von Seattle selbst; ein unbekannter Autor hat sie ihm in den Mund gelegt und will damit sagen: Das haben uns heute die Indianer und andere Naturvölker mit ihrer Ehrfurcht vor der Natur angesichts heutiger Umweltzerstörung zu sagen.

Zurück zur apostolischen Verfasserschaft von Schriften: Die Tatsache der Entstehung von „pseudepigraphischen" Schriften und die Akzeptanz dieser literarischen Form zeigt: Bei der apostolischen Herkunft einer Schrift ging es offenbar nicht in erster Linie um das historische Faktum der Verfasserschaft, sondern um die Herkunft aus apostolischer Tradition. Dies scheint ein wichtiges Kanonkriterium gewesen zu sein.

b) Die Übereinstimmung mit der Botschaft der Apostel

Eine Schrift konnte durchaus unter einem Apostelnamen laufen und dennoch ausgegrenzt werden. So wurde etwa das Thomas-Evangelium nicht übernommen. Sicher nicht nur wegen seiner späten Entstehung, sondern auch, weil es zu sehr an die Lehre der Gnosis erinnerte. Die Gnosis war eine Bewegung in den ersten christlichen Jahrhunderten, die Erlösung und Vervollkommnung durch Erkenntnis (griechisch: Gnosis) versprach. Dabei stellte man sich diesen Weg der Erleuchtung vor als Sich-Erheben über das Materielle in eine rein geistige Welt hinein. Für die Gnostiker war alles Materielle vom Bösen, das Geistige hingegen das gute Prinzip. In der Kirche der ersten Jahrhunderte erkannte man bald, dass diese Sicht mit dem israelitisch-christlichen Schöpfungsglauben unvereinbar war, für den die ganze Welt, auch die Materie, Gottes gute Schöpfung war. Und die Gnosis konnte genauso wenig mit der Menschwerdung Gottes anfangen: Der Gnosis zufolge hat Jesus nur einen Scheinleib angenommen, er hat nicht gelitten und ist nur zum Schein gestorben. Die Festlegung der Kanongrenzen ist zugleich eine Abgrenzung gegenüber Bewegungen, die auf den ersten Blick recht christlich aussehen, bei näherem Hinsehen jedoch mit grundlegenden christlichen Überzeugungen – etwa dem Schöpfungs- und Inkarnationsglauben – unvereinbar sind. Die Übereinstimmung mit der Botschaft der Apostel war ein entscheidendes Kriterium.

c) Die aufbauende Wirkung

Ein weiteres wichtiges Kriterium war die Wirksamkeit einer Schrift. Nur die Bücher hatten eine Chance, als kanonisch anerkannt zu werden, die die frühen Christen als Nahrung für ihr Glaubensleben empfanden. Die „Kindheitserzählung des Thomas" – eine apokryphe (nicht in den Kanon aufgenommene) Schrift – berichtet: Der fünfjährige Jesus formte am Sabbat zwölf Sperlinge aus feuchtem Lehm. Als Josef ihn wegen der Sabbatverletzung tadelte, klatschte er in die Hände, und die Vögel wurden lebendig und flogen davon. Um eine Vorstellung davon zu bekommen, worin die aufbauende Wirkung der kanonischen Schriften besteht, muss man solche merkwürdigen Wundergeschichten nur einmal mit der Erzählung des Markus vom Seesturm vergleichen. Hier findet sich der Leser sofort wieder: Auch ich werde manchmal von den Stürmen des Lebens umhergeschüttelt, auch mich packt manchmal die nackte Angst, auch ich habe manchmal den Eindruck, Jesus schläft, und meine Bedrohung ist ihm egal, aber auch ich staune manchmal, dass sich Bedrohliches zum Guten wendet. – Und nicht nur der Einzelne, sondern auch die Gemeinde als Ganze wird aufgebaut: In der Überfahrt an das jenseitige Ufer des Sees Genesaret, an das Ufer der Heiden, kann sich die Gemeinde in ihrem Übergang zur Heidenmission wiederentdecken – einem Übergang, der von vielen Turbulenzen begleitet war und bei dem die Gemeinden manchmal das Gefühl haben mochten: Wir gehen unter! Wo ist Jesus, der Herr und Meister der Kirche? Man empfand offenbar: Evangelien mit solchen Erzählungen sind aufbauend, stärken den Glauben und helfen leben. Sie sind es wert, in den Kanon aufgenommen zu werden.

d) Der Kanon als Spiegel der kirchlichen Einheit in Vielfalt
Diese Kriterien allein erklären jedoch noch nicht die tatsächliche Form des Kanons. Warum hat man z. B. nicht anstelle der vier Evangelien das „Diatessaron" aufgenommen, die im 2. Jhd. weit verbreitete Evangelienharmonie Tatian des Syrers, in der

er aus den vier Evangelien eine Einheitsfassung geschaffen hat, die alle Unterschiede glättet und damit allen außerchristlichen Vorwürfen begegnet, die Evangelien widersprächen einander und seien daher nicht glaubwürdig? Warum hat man den Ersten Clemensbrief nicht in den Kanon aufgenommen, sondern ihn unter die nachapostolischen Schriften gerechnet, wohl aber den viel später entstandenen Zweiten Petrusbrief?

Der Neutestamentler Martin Ebner macht – im Anschluss an D. Trobisch[59] – darauf aufmerksam, dass bei der Kanonentstehung im 2. Jhd. anscheinend zwei Leitgedanken wichtig waren: Man wehrte sich gegen *Vereinseitigung* und gegen *Vereinheitlichung.* Man hätte ja durchaus eine Alternative zum entstehenden Kanon gehabt: den Kanon des Markion. Weil er einen schroffen Gegensatz zwischen dem gerechten Schöpfergott des Alten Testaments und dem barmherzigen, liebenden Gott Jesu sieht, reinigt er den Kanon von allen judaisierenden Elementen. Von den Evangelien bleibt nur Lukas übrig, und auch da wirft er z. B. die Kindheitsgeschichten hinaus, weil sie zu viel Hochschätzung jüdischer Bräuche verraten. Daneben nimmt er lediglich noch zehn Paulusbriefe auf und lässt die Sammlung mit dem Galaterbrief beginnen, der am deutlichsten den Gegensatz zum Judentum markiert.

Gegen diese *Vereinseitigung* wehrt sich jedoch die Großkirche. Neben dem Lukas-Evangelium stehen die Schriften, die den palästinisch-jüdischen Aposteln zugeschrieben werden: Da sind zum einen – gleichberechtigt neben dem Lukasevangelium – die Evangelien des Matthäus und des Johannes. Dazu kommt das Markus-Evangelium; denn Markus wird in der Apostelgeschichte teils im Zusammenhang mit Petrus (12,12), teils mit Paulus (12,25) genannt. Er steht für die Verständigung zwischen Petrus und Paulus, zwischen Judenchristentum und gesetzesfreier Heidenmission. Da sind zum anderen neben den Paulusbriefen die

114

Briefe des Jakobus, Petrus, Johannes und Judas. Als Leseanweisung wird den Paulusbriefen die Apostelgeschichte vorangestellt, die von *vielen* Aposteln erzählt und sie alle in Kontinuität zu Jesus stellt. Und an der Spitze der Paulusbriefe steht nicht wie bei Markion der Galater-, sondern der Römerbrief, „also genau die Schrift, die um die Einheit der Kirche aus Juden und Heiden besorgt ist, aber auch für gegenseitigen Respekt plädiert und um ein gelingendes Neben- und Miteinander ringt"[60].

Diese „versöhnte Vielfalt" kommt sehr deutlich in 2 Petr zum Ausdruck, den Ebner (mit Trobisch) geradezu als „Editorial" des Kanons ansieht. „Diese Schrift, inhaltlich eher ein Duplikat zu Jud, bezieht sich auf alle Kanonteile: auf die Verklärungsgeschichte in den synoptischen Evangelien (1,16–18); auf die Weissagung des Petrusmartyriums im JohEv (1,14); auf eine abgeschlossene Paulusbriefsammlung (3,15 f); die Katholischen Briefe werden bereits benutzt: Jud als Vorlage, aus der aber bereits weggelassen wird, was nicht durch jüdische Schriften gedeckt ist (Jud 9,14 f); vielleicht lässt sich in der Hoffnung auf einen neuen Himmel und eine neue Erde sogar ein Querverweis auf die Offb erkennen (3,13) und im Blick auf das Verständnis der Apostel als Augenzeugen ein Bezug zur Apg."[61]

Zum anderen weist der christliche Kanon jede *Vereinheitlichung* zurück: Man entscheidet sich gegen die Aufnahme der weit verbreiteten Evangelienharmonie Tatians und für die Pluralität der vier Evangelien. Vielleicht spürt man, dass die Harmonisierung allzu leicht mit Vereinseitigungen einhergeht – Tatian bevorzugt ja eindeutig das Johannesevangelium, das er als Gerüst nimmt, in das er die Synoptiker einpasst. Jedenfalls ist der christliche Kanon ein Bekenntnis zum Nebeneinander verschiedener Jesusbilder und Theologien.

M. Ebner weist darauf hin, dass bei der Kanonentstehung oftmals für die Aufnahme oder Ablehnung eines Buches nicht nur die apostolische Verfasserautorität und der Inhalt eine Rolle spielten, sondern der Gebrauch durch bestimmte Gruppen: Wenn eine Schrift von Gnostikern verwendet wurde, konnte sie allein dadurch in Verruf geraten. Dies macht nochmals deutlicher: In der Zusammenstellung der kanonischen Bücher spiegelt sich ein kirchliches Programm. Zurückgewiesen werden alle, „die beim Gebrauch der Schriften am Schöpfungsprinzip bzw. an der wahren Menschheit des gottgesandten Jesus rütteln oder nicht zulassen, dass andere Gruppen andere Schriften bevorzugen als sie selbst, und sich damit der Vielfalt der möglichen theologischen Ansätze verweigern"[62]. Oder positiv formuliert: Der Kanon ist das Spiegelbild einer kirchlichen Einheit in Vielfalt und das Programm eines steten Bemühens, trotz aller Gegensätzlichkeit im Dialog zu bleiben und unterschiedliche Wege anzuerkennen.

5. Der Vorgang der Schriftinspiration: das Zusammenwirken von Gott und Mensch

Die klassische Lehre von der Schriftinspiration verwendete viel Mühe darauf, das Zusammenwirken von Gott und Mensch im Vorgang der Schriftinspiration zu beschreiben. Wie ist von dem im Vorausgehenden entwickelten Verständnis der Schriftinspiration das Zueinander von göttlichem und menschlichem Wirken zu verstehen? Nachdem Entstehung und Umgang mit der Schrift nicht voneinander zu trennen sind – die Entstehung der biblischen Texte war ja über weite Strecken hinweg ein Prozess der „relecture"! –, gilt es bei der Beantwortung dieser Frage immer zwei Aspekte im Blick zu haben: die Entstehung der Bibel und das Lesen und Verstehen der Schrift.

5.1. Göttliches und menschliches Wirken
bei der Entstehung der Schrift

Göttliches Wort und menschliche Wortgestalt – so sahen wir – dürfen nicht auseinanderdividiert werden. Gottes Wort und menschliche Antwort gehören untrennbar zusammen. Es gibt ein weit verbreitetes Denkmodell, das Gottes Wirken und das Tun des Menschen als Gegensatz sieht: Je mehr Gott handelt, desto weniger handelt der Mensch. Je mehr Gott am Werk ist, desto weniger Raum bleibt für den Menschen. Und umgekehrt: Je mehr der Mensch tut, desto weniger ist Gott im Spiel. Dieses „Konkurrenzmodell" ist aber höchst problematisch. Wenn Gottes Verhältnis zu uns Menschen eine Beziehung der Liebe ist, dann spielt sich Ähnliches ab, was auch zwischen Liebenden geschieht: Die Liebe eines Menschen engt den anderen nicht ein, sondern setzt Kräfte frei. „Ein Mensch, der durch die Liebe eines anderen tief betroffen gemacht, selber zum Liebenden wird, der sich von dieser gegenseitigen Liebe ergriffen, gefangen, ja gefesselt erfährt, wie wir kennzeichnenderweise sagen, der erlebt in der darin erfahrenen Bestätigung und Bejahung zugleich einen gesteigerten Selbstvollzug, eine vielleicht vorher nie gekannte Steigerung seines Einfallsreichtums und seiner Phantasie, seiner sprachlichen und künstlerischen Ausdrucksfähigkeit, ein erweitertes Selbstbewusstsein und Selbstwertgefühl, so dass er in einer höchst selbständigen, freien Antwort stärkste personale Bindung vollzieht. ... Die vermehrte Selbständigkeit bewirkt vertiefte Abhängigkeit und umgekehrt."[63]

Für die Inspiration der Schrift bedeutet dies: Der vom Geist erfüllte Autor muss nicht als passiver Empfänger gedacht werden. Der biblische Autor ist nicht weniger Subjekt seiner Handlungen, als er es ohne den Beistand des Geistes wäre. Im Gegenteil: Der Geist befähigt ihn gerade dazu, er selber zu sein und sich mit seinen persönlichen Möglichkeiten einzubringen. Von daher ist jede Theorie einer (mechanistisch verstandenen) „Verbalinspiration" problematisch. Sie nimmt die Entstehungsgeschichte der Schriften nicht ernst und berücksichtigt nicht, wie die Verfasser ihre Tätigkeit selber beschreiben (vgl. etwa Lk 1,3).

Unbefriedigend ist aber auch die Theorie der „Realinspiration". Sie geht davon aus, dass Sprache nur äußere Einkleidung von Gedanken ist. Das aber ist sprachphilosophisch naiv. Inhalt und sprachlicher Ausdruck gehören untrennbar zusammen.

Vielmehr ist festzuhalten: Wie im Leben des Glaubenden überhaupt Gott und Mensch nicht in Konkurrenz stehen, sondern Gott das menschliche Tun ermöglicht, freisetzt und einbezieht, so mindert Gottes Wirken bei der Entstehung der biblischen Texte nicht die Eigentätigkeit der Autoren, sondern aktiviert sie gerade.

5.2. Göttliches und menschliches Wirken beim Lesen und Verstehen der Schrift

Dasselbe gilt auch für Gottes Einfluss auf den Umgang mit der Schrift. Schon der Entstehungsprozess der biblischen Texte – so sahen wir – war über weite Strecken hinweg ein Lese- und Verstehensprozess. Auch im Umgang mit der Schrift wirken Gott und Mensch zusammen. Wenn nach der Aussage des Zweiten Vatikanischen Konzils die Verfasser der Schrift „veri auctores" (wahre Verfasser – so in DV 11) sind, dann gilt auch: Die Leser der Schrift sind „veri lectores" (wahre Leser), deren persönliche Farbe, deren gesellschaftliches Umfeld, deren geschichtliche Epoche, deren – im Lauf ihrer Lebens- und Glaubensgeschichte erworbene – Theologie und Spiritualität in das Aufnehmen des Gotteswortes einfließen.

Gläubiges Hören auf Gottes Wort und wissenschaftliche Erforschung der Schrift gehören deshalb zusammen. Gerade die in Schriftbetrachtung und Bibel-Teilen Erfahrenen betonen immer wieder: Sowohl das persönliche Sich-Öffnen für die Worte der Schrift als auch der wissenschaftliche, kritische Zugang zur Heiligen Schrift sind wichtig. Beides schließt sich nicht aus, sondern ergänzt und befruchtet einander.

6. Der Wahrheitsanspruch der Schrift

Klassischerweise wurde die Wahrheit der Schrift – meist sprach man von ihrer „Irrtumslosigkeit" – als wichtigste Folge der Inspiration angesehen. Wie ist dieser Wahrheitsanspruch von unserem Ansatz her zu deuten?

Mit dem oben entwickelten Inspirationsverständnis sind Irrtümer der Bibel in naturwissenschaftlichen und historischen Fragen durchaus vereinbar. Die Inspiration bewirkt, dass der Glaubende in den Texten verlässlich und untrüglich die Grundlagen wiederfindet, aus denen die Glaubensgemeinschaft lebt. Sie garantiert jedoch keine Irrtumslosigkeit in jeder Hinsicht. Die Perspektive des Wahrheitsanspruchs hat das Zweite Vatikanische Konzil in seiner geglückten Formulierung sehr deutlich herausgearbeitet: Es geht um „die Wahrheit, die Gott um unseres Heiles willen in heiligen Schriften aufgezeichnet haben wollte" (DV 11). Die „Wahrheit" einzelner Sätze kann jedoch von unterschiedlicher Heilsbedeutung sein. So bedeutet es keine Infragestellung der Inspiration, wenn man anerkennt: Nicht in allen biblischen Texten ist die gleiche Nähe zu den zentralen Erfahrungen und Botschaften gegeben. Und auch innerhalb der Bibel ist die Bezeugung der Heilstaten Gottes in recht unterschiedlicher Weise gelungen.

Die Frage ist freilich: Was sind eigentlich die zentralen Erfahrungen und Botschaften der Bibel, von der aus sich die einzelnen Texte in ihrer Bedeutung und ihrem Gewicht unterscheiden lassen? Es geht um die Frage nach der „Einheit" der Schrift oder nach der „Mitte der Schrift", nach dem „Kanon im Kanon". Was ist das Interpretationsprinzip der Schrift, von dem aus sich sagen lässt: Diesem Text kommt eine größere Bedeutung zu als jenem? Mit welchem Recht kann ich zum Beispiel sagen: Das Kampflied in Ps 149 ist auf dem Hintergrund des Aufrufs Jesu zur Feindesliebe zu interpretieren und nicht umgekehrt!? Gut, Jesus ist natürlich der Maßstab. Aber ruft Jesus nicht auch einmal zum Schwertkauf auf (Lk 22,36)? Was ist die „Mitte" der Botschaft Jesu, von der her sich in Spannung zueinander stehende Äußerungen Jesu einordnen lassen?

Die Frage nach der „Mitte" der Schrift, nach dem „Kanon im Kanon" ist eine sehr problematische Angelegenheit. Oftmals haben Versuche, einen „Kanon im Kanon" zu formulieren, zu einer Verengung geführt. Wer einen einzigen Gedanken zum absoluten Grundprinzip erhebt, blendet notwendigerweise vieles ebenso Wichtige aus.

Vielleicht sollte man daher – im Anschluss an Horst Klaus Berg[64] – besser von einer ganzen Reihe von „Grundbescheiden" sprechen, die sich in ihrer Pluralität ergänzen. Berg nennt z. B.: Gott schenkt Leben (Schöpfung); Gott stiftet Gemeinschaft (Partnerschaft, Bund, Ökumene); Gott leidet mit und an seinem Volk (Leiden und Leidenschaft); Gott befreit die Unterdrückten (Befreiung); Gott gibt seinen Geist (Heiliger Geist und Begeisterung); Gott herrscht in Ewigkeit (Gottesherrschaft, Schalom).

Von da aus könnte man sagen: Die Kunst der Interpretation konkreter Texte der Bibel besteht darin, sie in Bezug zu den zentralen Erfahrungen und Botschaften zu setzen. Von ihrer Beziehung zu diesen zentralen Überzeugungen bemisst sich ihre Bedeutung und ihr Gewicht.

7. Inspiration innerhalb und außerhalb der Glaubensgemeinschaft

Es bedeutet – so wurde eben ausgeführt – keine Infragestellung der Inspiration der Bibel, wenn man anerkennt, dass nicht in allen Bibeltexten die gleiche Nähe zu den zentralen Grundbotschaften gegeben ist. Man kann noch einen Schritt weiter gehen und sagen: Es bedeutet keine Infragestellung der biblischen Inspiration, wenn man anerkennt: Auch in heiligen Schriften nichtchristlicher Religionen und Weltanschauungen gibt es eine echte Bezogenheit auf den Gott Jesu Christi – und damit echte Inspiration. Auch heilige Schriften anderer Religionen und Weltanschauungen enthalten Inspiriertes und Inspirierendes. Ja, es kann sogar sein, dass ein außerchristlicher Text jemanden näher zu Christus führen kann als mancher Bibeltext. Maßstab ist jedoch immer die Nähe zu den zentralen Erfahrungen und Botschaften der Heiligen Schrift. Die Bibel ist das Zeugnis der wesentlichen christlichen Grundüberzeugungen. Für die Christen bleibt daher die Inspiration der Bibel der Maßstab dafür, wo sie in außerchristlichen Texten „Inspiriertheit" entdecken können.

Und ein Weiteres darf nicht vergessen werden: Auch wenn die Bibel – wie oben ausgeführt – genuin in den Kontext der Glaubensgemeinschaft als „Lesegemeinschaft" hineingehört, so hat sie doch zugleich viele Künstler, Schriftsteller und Komponisten angeregt, und darunter nicht nur Menschen, die sich selbst ausdrücklich als Christen bekannten – die eingangs

121

zitierte Äußerung Brechts ist dafür ein Beleg. Viele Kunstwerke, Kompositionen und literarische Texte sind auch für den Glaubenden anregend und tragen zu einem neuen und vertieften Blick auf die biblischen Texte und die zentralen Glaubensinhalte bei. Auch im geistesgeschichtlichen und politischen Raum haben die biblischen Texte immer wieder eine eindrucksvolle Wirksamkeit entfaltet – man denke etwa an die Wertschätzung, die Mahatma Gandhi dem Christentum entgegenbrachte. Die Bibel hat nicht nur im kirchlichen Raum, sondern auch in vielen außerkirchlichen Bereichen eine befreiende Wirksamkeit entfaltet und zum Eintreten für den Menschen und seine Würde inspiriert. Und diese inspirierende Wirksamkeit im außerkirchlichen Bereich wirkt wiederum inspirierend auf den kirchlichen Umgang mit der Bibel zurück.

4.
Was sich aus diesem Inspirationsverständnis für die Interpretation der Bibel ergibt – ein „Praxistest" für den Umgang mit schwierigen Bibelstellen

Über kein Thema der Theologie ist wohl im Laufe der Kirchen- und Theologiegeschichte so viel nachgedacht worden wie über die Frage der rechten Schriftauslegung. Auch in unserer Zeit ist die Literatur zum Thema „Biblische Hermeneutik", also die Lehre vom Auslegen und Verstehen, und über die Methoden der Bibelexegese uferlos. Im Folgenden kann es nur darum gehen, aufzuzeigen: Das Inspirationsverständnis, das ich – vielleicht unreflektiert – habe, wirkt sich auf meine Weise der Bibelinterpretation aus. Ja, man könnte sogar sagen: Viele Schwierigkeiten, die Menschen mit biblischen Texten haben, hängen damit zusammen, dass sie ein unzureichendes Verständnis von der Inspiration der Schrift haben. Mit den eingangs erwähnten schwierigen Bibelstellen zum Beispiel – der Erzählung vom göttlichen Befehl an Saul, die Amalekiter ausnahmslos umzubringen (1 Sam 15), der Perikope von der Opferung Isaaks (Gen 22), der Aufforderung des Kolosserbriefs zur Unterordnung der Frau (Kol 3) – wird man große Schwierigkeiten haben, wenn man von der Theorie einer „mechanistischen Verbalinspiration" ausgeht. Umgekehrt bietet das im vorausgehenden Kapitel – auf dem Hintergrund der Geschichte der Inspirationstheologie – entwickelte Inspirationsverständnis hilfreiche Ansätze zur Lösung dieser Probleme.

1. Inspirationsverständnis und Bibelhermeneutik

Wer die Bibel als reines Menschenwerk betrachtet und eine göttliche Inspiration der Bibel als eine reine theologische Fiktion und ein längst überholtes Deutungsmuster betrachtet, dessen Bibelexegese wird sich darauf beschränken, die Vielfalt der verschiedenen Auffassungen und Deutungen in ihrer ganzen Buntheit und Gegensätzlichkeit aufzuzeigen. Dies ist das eine Extrem. Der andere „Straßengraben", in den man fallen kann, ist das Ausblenden des menschlichen Anteils und das Ausgehen von einer göttlichen Inspiration, die die Menschlichkeit, Geschichtlichkeit und Zeitbedingtheit der Texte zu wenig berücksichtigt. Man spricht hier von „fundamentalistischer" Bibelinterpretation – einer Auslegung, die allein den Wortlaut der Bibel als „Fundament" nehmen will und alle anderen „Fundamente" (Vernunft, natur- und geschichtswissenschaftliche Erkenntnisse) grundsätzlich ablehnt.

Was ist von dieser „fundamentalistischen" Interpretation zu halten? Der folgende – sehr ausführliche – Text kann möglicherweise weiterhelfen: „Die fundamentalistische Verwendung der Bibel geht davon aus, daß die Schrift – das inspirierte Wort Gottes und frei von jeglichem Irrtum – wortwörtlich gilt und bis in alle Einzelheiten wortwörtlich interpretiert werden muß. Mit solcher ‹wortwörtlicher Interpretation› meint sie eine unmittelbare literalistische Auslegung, d. h. eine Interpretation, die jede Bemühung, die Bibel in ihrem geschichtlichen Wachstum und in ihrer Entwicklung zu verstehen, von vornherein ausschließt. Eine solche Art, die Bibel zu lesen, steht im Gegensatz zur historisch-kritischen Methode, aber auch zu jeder anderen wissenschaftlichen Interpretationsmethode der Heiligen Schrift.

Obschon der Fundamentalismus mit Recht auf der göttlichen Inspiration der Bibel, der Irrtumslosigkeit des Wortes

Gottes und den anderen biblischen Wahrheiten insistiert, ...
so wurzelt seine Art, diese Wahrheiten darzulegen, doch in einer Ideologie, die nicht biblisch ist, mögen ihre Vertreter auch noch so sehr das Gegenteil behaupten. Denn sie verlangt ein totales Einverständnis mit starren doktrinären Haltungen und fordert als einzige Quelle der Lehre im Hinblick auf das christliche Leben und Heil eine Lektüre der Bibel, die jegliches kritische Fragen und Forschen ablehnt.

Das Grundproblem dieses fundamentalistischen Zugangs zur Schrift besteht darin, daß er den geschichtlichen Charakter der biblischen Offenbarung ablehnt und daher unfähig wird, die Wahrheit der Menschwerdung selbst voll anzunehmen. Für den Fundamentalismus ist die enge Verbindung zwischen Göttlichem und Menschlichem in der Beziehung zu Gott ein Ärgernis. Er will nicht zugeben, daß das inspirierte Wort Gottes in menschlicher Sprache ausgedrückt und unter göttlicher Inspiration von menschlichen Autoren niedergeschrieben wurde, deren Fähigkeiten und Mittel beschränkt waren. Er hat deshalb die Tendenz, den biblischen Text so zu behandeln, als ob er vom Heiligen Geist wortwörtlich diktiert worden wäre. Er sieht nicht ein, daß das Wort Gottes in einer Sprache und in einem Stil formuliert worden ist, die durch die jeweilige Epoche der Texte bedingt sind. Er schenkt den literarischen Formen und der menschlichen Denkart, wie sie in den biblischen Texten vorliegen, keinerlei Beachtung, obschon sie Frucht einer sich über mehrere Zeitepochen erstreckender Erarbeitung sind und Spuren ganz verschiedener historischer Situationen tragen.

Der Fundamentalismus betont über Gebühr die Irrtumslosigkeit in Einzelheiten der biblischen Texte, besonders was historische Fakten oder sogenannte wissenschaftliche Wahrheiten betrifft. Oft faßt er als geschichtlich auf, was gar nie als Geschichte gedacht war. Denn nach ihm ist alles geschichtlich, was in der Vergangenheitsform berichtet oder erzählt wird. Die Möglichkeit eines symbolischen oder übertragenen Sinnes wird von ihm kaum in Erwägung gezogen.

Der Fundamentalismus hat oftmals die Tendenz, die Probleme des biblischen Textes in seiner hebräischen, aramäischen oder griechischen Sprachgestalt zu übergehen. Nicht selten ist er eng an eine bestimmte, alte oder neue Übersetzung gebunden. Auch geht er nicht auf die Tatsache von *‚relectures'* in gewissen Abschnitten innerhalb der Bibel selbst ein.

Was die Evangelien anbelangt, so trägt der Fundamentalismus dem Wachsen der evangelischen Tradition keine Rechnung, sondern verwechselt naiv den Endtext dieser Tradition (das, was von den Evangelisten geschrieben wurde) mit ihrer Erstform (die Taten und Worte des geschichtlichen Jesus). Zugleich vernachlässigt er eine wichtige Dimension: die Art und Weise, wie die ersten christlichen Gemeinden selbst die Wirkung von Jesus und seiner Botschaft verstanden haben. Dabei bezeugt gerade dieses urchristliche Verständnis die apostolische Herkunft des christlichen Glaubens und ist ihr direkter Ausdruck. Der Fundamentalismus verfehlt so den vom Evangelium selbst intendierten Anspruch.

Dem Fundamentalismus kann man auch eine Tendenz zu geistiger Enge nicht absprechen. Er erachtet z. B. eine alte vergangene Kosmologie, wie man sie in der Bibel findet, als Realität. Dies verhindert jeglichen Dialog mit einer offenen Auffassung der Beziehungen zwischen Kultur und Glauben. Er stützt sich auf eine unkritische Interpretation gewisser Bibeltexte, um politische Ideen und soziales Verhalten zu rechtfertigen, das von Vorurteilen gekennzeichnet ist, die ganz einfach im klaren Gegensatz zum Evangelium stehen, wie z. B. Rassendiskriminierung und dgl. mehr.

Der fundamentalistische Zugang ist gefährlich, denn er zieht Personen an, die auf ihre Lebensprobleme biblische Antworten suchen. Er kann sie täuschen, indem er ihnen fromme, aber illusorische Interpretationen anbietet, statt ihnen zu sagen, daß die Bibel nicht unbedingt sofortige, direkte Antworten auf jedes dieser Probleme bereithält. Ohne es zu sagen, lädt der Fundamentalismus doch zu einer Form der Selbstaufgabe des Denkens ein. Er gibt eine trügerische Sicherheit, indem er unbewußt die menschlichen Grenzen der biblischen Botschaft mit dem göttlichen Inhalt dieser Botschaft verwechselt."

Von wem stammt dieses kritische Urteil über den Fundamentalismus? Nicht etwa von einem progressiven Theologen, dem vielleicht demnächst ein römisches Lehrverfahren bevorsteht. Es stammt aus einem Dokument der Päpstlichen Bibelkommission aus dem Jahre 1993, das den Titel trägt: „Die Interpretation der Bibel der Kirche"[65]. Dieses Dokument stellt die verschiedenen Methoden der Bibelexegese vor, würdigt ihre Stärken und beschreibt zugleich die Begrenztheit und Ergänzungsbedürftigkeit jedes einzelnen Zugangs – in einer sehr differenzierten und wohlwollenden Weise. Lediglich der fundamentalistische Umgang mit der Schrift erfährt eine äußerst harte Kritik, man könnte fast sagen: ein vernichtendes Urteil. Damit legt das Dokument ein klares Bekenntnis ab zu einem Bibelverständnis, das die Menschlichkeit, Geschichtlichkeit und Zeitbezogenheit der biblischen Texte ernst nimmt. Dem entspricht auch die deutliche Option für eine Vielfalt der exegetischen Methoden, die als jeweils begrenzte und einander ergänzende Zugänge gesehen werden.

Es gibt manchmal das Missverständnis: Wenn die Heilige Schrift inspiriert ist, also Gott als den *einen* Urheber hat, dann darf die Vielfalt der menschlichen Autoren in der Auslegung der Bibel keine Rolle spielen, sondern sie ist als Einheit zu lesen, d. h. von ihrer kanonischen Endgestalt her. Die einzelnen Texte sind so zu interpretieren, wie sie im Blick auf die Gesamtheit der Bücher einzuordnen sind. Dies ist das Programm des sog. „canonical approach" (des kanonischen Zugangs), einer Schriftauslegungsmethode, die oft gegen die historisch-kritischen Methoden ausgespielt wird: Diese würden nur die Vielfalt der Entwicklungsstufen herausarbeiten; die Spannungen und Unterschiede zwischen einzelnen Autoren und Entwicklungsstadien würden zwangsläufig überbetont; am Ende zerfalle die Bibel in eine Vielfalt von Zeugnissen und Sichtweisen. Die kanonische Schriftauslegung allein könne die Einheit der Schrift wahren und dem Glauben an Gott als den einen Urheber der Schrift gerecht werden.

Wenn jedoch – wie ausgeführt – die Inspiration der Bibel als Inspiration des komplexen Entwicklungsprozesses der Schriften zu verstehen ist, dann ist die Vielfalt der Methoden nicht nur erlaubt, sondern sogar gefordert. Die historisch-kritischen Methoden, die den Entstehungsprozess der Texte in ihrer – oft spannungsreichen! – Vielfalt analysieren, haben genauso ihr Recht wie die Lektüre der Texte im Blick auf die Endgestalt des Kanons. Beides schließt einander nicht aus: „Kanonische, dem Kanonprinzip verpflichtete Exegese ist nicht nur Endtextauslegung …, sondern ist auch offen für eine eigenständige Gewichtung des theologischen Potentials der Vorstufen (die ihrerseits offenbarungs- und kanongeschichtlich begründbar ist)."[66]
Ja, alle Methoden, die auch sonst im Umgang mit Texten Verwendung finden, dürfen und sollen auf die Bibel angewandt werden, weil die Bibel zutiefst Gotteswort in Menschenwort ist und Gotteswort und Menschenwort einander nicht ausschließen. Wenn „Inspiration" bedeutet, dass die Bibel aus einer inspirierten Lebensbewegung der Glaubensgemeinschaft kommt und auf die immer neue Inspiration dieser Lebensbe-

wegung hinzielt, dann haben die verschiedenen exegetischen Zugänge ihren Wert:

a) Die autorenorientierten Methoden fragen nach der Intention der Verfasser: Was haben die an der Entstehung des Textes Beteiligten ursprünglich sagen wollen? Hierher gehören z. B. die Methoden der historisch-kritischen Bibelauslegung, der sozialgeschichtlichen Exegese, der historischen Psychologie oder der Archäologie.

b) Die textorientierten Methoden gehen vom Text als einer literarischen Gestalt aus, deren Bedeutungsfülle nicht allein durch die Intentionen der am Entstehungsprozess Beteiligten festgelegt ist. Hierher gehören alle linguistischen und strukturalistischen Leseweisen.

c) Die leserorientierten Methoden schließlich stellen den heutigen Leser und seine Welt in den Vordergrund. Hierzu zählen beispielsweise die tiefenpsychologische Schriftauslegung, wie sie z. B. Eugen Drewermann praktiziert, die befreiungstheologische und die feministische Bibelauslegung oder die symbolorientierte Exegese, wie sie in Predigt, Religionsunterricht und Katechese oftmals Verwendung findet. Im weiteren Sinn könnte man auch den meditativen Umgang mit der Schrift (etwa in der ignatianischen Schriftbetrachtung oder beim Bibel-Teilen) hierzu zählen.

Dem im Vorausgehenden beschriebenen Verständnis der Inspiration der Schrift ist eine Vielfalt von Auslegungsmethoden angemessen, die einander ergänzen, gegebenenfalls korrigieren und sowohl der Vielfalt als auch der Einheit der biblischen Texte gerecht zu werden suchen.

2. Hilfen zur Auslegung biblischer Texte

Im Umgang mit schwierigen Stellen der Schrift können auf dem Hintergrund des oben entwickelten Inspirationsverständnisses folgende vier „Faustregeln" hilfreich sein:

2.1. Biblische Texte als Menschenwort lesen

2.1.1. Bibeltexte als menschliche Deutung von Erfahrungen auf Gott hin verstehen

Die Heilige Schrift – so wurde oben ausgeführt – ist inspiriert, insofern der ganze Prozess der Selbstoffenbarung Gottes, der Auferbauung einer Glaubensgemeinschaft und der sprachlichen Artikulation der Heilserfahrungen von Gottes Geist getragen ist. Daraus ergibt sich als erster Leitsatz für die Interpretation der Bibel: Der konkrete Text ist aus diesem geschichtlichen, zutiefst menschlichen Prozess heraus zu verstehen.

Biblische Texte sind zunächst einmal menschliche Glaubenszeugnisse, die zum Ausdruck bringen, wie Menschen in ihrem Leben, in der Schöpfung und in der Geschichte Gott erfahren, wie sie Leben im Licht Gottes deuten und wie sie darauf reagieren. Sie sind zunächst einmal Menschenwort über Gott.

Es ist daher hilfreich, bei der Bibelauslegung zunächst auf dieser menschlichen Ebene zu bleiben und nicht sofort zu fragen: Was ist an diesem Text Wort Gottes? Angemessener ist zunächst die Frage: Was hat der Mensch, der das geschrieben hat, erlebt? Wie hat er seine Erfahrung mit Gott in Bezug gebracht? Wo kommt darin Gott für ihn vor?

So zu fragen, heißt nicht, die göttliche Inspiration zu leugnen, sondern ernst zu nehmen, dass Gott sich der vollen Menschlichkeit der Autoren bedient. Gott und Mensch sind –

130

so wurde aufgezeigt – keine Konkurrenten. Die Menschlichkeit der Texte schmälert ihre Göttlichkeit in keiner Weise. Die biblischen Schriftsteller sind „wirkliche Verfasser" (veri auctores) – so hatte das Zweite Vatikanum betont.

Auf unsere eingangs erwähnten „Problemfälle" bezogen heißt das: Es ist hilfreich, 1 Sam 15 nicht sofort unter der Perspektive zu betrachten: Was sagt hier Gott? Sondern: Was sagen hier Menschen über Gott? Wie deutet der Erzähler das, was er erlebt hat, im Licht seines Glaubens? Faktum ist: Saul, den der Prophet Samuel im Namen Gottes zum König gesalbt hat und bei dem alles so verheißungsvoll begann, ist kläglich gescheitert. Der Erzähler der Geschichte fragt: Wie ist das möglich? Er deutet es so: An einem entscheidenden Punkt seiner Laufbahn hat Saul den Willen Gottes missachtet; sein Untergang ist die Konsequenz dieses Ungehorsams.

Oder das Opfer Abrahams: Die erste Frage ist: Was will der Erzähler dieser Geschichte über Gott sagen? Die älteste Erzählung hat wohl die Aussageabsicht: Wir glauben an einen Gott, der – im Unterschied zu anderen Göttern – keine Menschenopfer will, und deshalb gibt es – im Gegensatz zu anderen Völkern in der Nachbarschaft – diese unmenschliche Praxis nicht.

Und Kol 3 mit der Aufforderung an die Frauen, sich den Männern unterzuordnen? Zunächst einmal gibt der Brief die Vorstellungen der Gemeinde von Kolossä wieder – oder die Auffassung des Verfassers des Briefes, der aus der paulinischen Tradition kommt: So sollen sich Mann und Frau zueinander verhalten, wenn sie die Willensrichtung Jesu ernst nehmen. Wenn Mann und Frau so miteinander umgehen, dann handeln sie – der Überzeugung des Verfassers zufolge – nach dem Willen Gottes. Es geht um die Konsequenzen, die eine frühe christliche Gemeinde aus der apostolischen Verkündigung für ihr Zusammenleben zieht.

2.1.2. Die literarischen Formen und Gattungen beachten

Die Bibel ist Literatur – so hat der spanische Exeget Luis Alonso Schökel deutlich herausgestellt. Sie enthält eine Vielfalt von literarischen Formen. In vielfältiger Weise wird der israelitisch-christliche Glaube durch sie bezeugt. Nicht alles, was im Gewand der Geschichtsschreibung daherkommt, ist historischer Bericht in unserem heutigen Sinn – so betont auch das eben erwähnte Dokument der Päpstlichen Bibelkommission. Die Texte drücken Wahrheit in vielfältiger Weise aus. Schon das Zweite Vatikanum hat als Interpretationsanweisung für die Bibel festgehalten: „Um die Aussageabsicht der Hagiographen zu ermitteln, ist neben anderem auf die literarischen Gattungen zu achten. Denn die Wahrheit wird je anders dargelegt und ausgedrückt in Texten von in verschiedenem Sinn geschichtlicher, prophetischer oder dichterischer Art oder in anderen Redegattungen. Weiterhin hat der Erklärer nach dem Sinn zu forschen, wie ihn aus einer gegebenen Situation heraus der Hagiograph den Bedingungen seiner Zeit und Kultur entsprechend – mit Hilfe der damals üblichen literarischen Gattungen – hat ausdrücken wollen und wirklich zum Ausdruck gebracht hat. Will man richtig verstehen, was der heilige Verfasser in seiner Schrift aussagen wollte, so muss man schließlich genau auf die vorgegebenen umweltbedingten Denk-, Sprach- und Erzählformen achten, die zur Zeit des Verfassers herrschten, wie auf die Formen, die damals im menschlichen Alltagsverkehr üblich waren" (DV 12).

Ein Beispiel aus unserer Zeit kann die Notwendigkeit des Achtens auf die literarischen Formen illustrieren: Stellen Sie sich vor, Forscher finden in einigen Jahrhunderten folgende Seite:

Der Antrag, am Semesterende wieder eine Befragung der Studierenden über die Zufriedenheit mit den Vorlesungen durchzuführen, wurde kontrovers diskutiert. Es wurde darauf hingewiesen, dass sich im Anschluss an die vergangene Befragung, deren Ergebnisse den Professoren zugeleitet und mit ihnen besprochen wurden, nicht viel geändert habe. Andere betonten, dass sich damals nur ein Teil der Studenten an der Umfrage beteiligt hätten; das Interesse sei offenbar nicht allzu groß gewesen. Dem wurde widersprochen: Das Problem sei gewesen, dass die Befragung in den letzten Semestertagen durchgeführt wurde, als schon viele Studenten nicht mehr anwesend waren. Es wurde vorgeschlagen, die Befragung in der vorletzten Semesterwoche durchzuführen, damit eine hohe Beteiligung erreicht werden könne. Die Abstimmung ergab eine knappe Mehrheit für den Antrag. Die Vollversammlung schloss gegen 23:15 Uhr.

Ein Student betritt das Vorzimmer des Moraltheologischen Lehrstuhls. Er fragt die Sekretärin: „Mit wem redet denn der Herr Professor Teichtweier in seinem Zimmer? Man kann ja hier draußen jedes Wort hören!"

„Ach", antwortet die Sekretärin, „der Herr Professor spricht gerade mit dem Kultusministerium in München."

„Dann sagen Sie ihm doch, er soll beim nächsten Mal bitte das Telefon benutzen!"

Herzliche Einladung an alle Studenten und Studentinnen der
Theologischen Fakultät zum
Sommerfest
am Donnerstag, 27. Juli,
ab 18 Uhr
im Innenhof des Priesterseminars,
Domerschulstraße 18.

Beginn um 18 Uhr mit einem Gottesdienst (bei schönem Wetter im Innenhof, bei schlechtem Wetter in der Kapelle), anschließend gemütliches Beisammensein. Für Essen und Trinken sowie für Musik ist gesorgt.

Die Forscher werden diese Seite unschwer nach Ort und Zeit zuordnen können: Man kann herausbekommen, wo der Professorenname Teichtweier an einer Theologischen Fakultät auftaucht, und kommt auf Würzburg und findet heraus, in welchem Zeitraum er dort lehrte. Man wird aber auch leicht feststellen, dass die Seite aus Texten unterschiedlicher Art besteht: Der erste Teil ist ein Bericht von einer Studentenversammlung; der zweite ein Witz, der dritte eine Einladung. Jede dieser drei Formen hat ihre eigenen Charakteristika: Zur ersten gehört z. B. die Zeitform des Imperfekts und die knappe, sachliche Darstellung. Für die zweite ist das Präsens und die direkte Rede charakteristisch sowie das Fehlen von genauen Zeitangaben. Die literarische Form der Einladung ist an der Eingangsfloskel erkennbar, bei der das Verb fehlt, der Hervorhebung der Art der Veranstaltung, des Ortes und der Zeit sowie der Knappheit der Information und dem Fehlen jeglicher Ausschmückung.

Jetzt könnte man noch folgendes Gedankenexperiment machen: Nehmen wir an, in der Zeit, in der der Text aufgefunden wird, sind Witze unbekannt. Seit Jahrzehnten macht man keine Witze mehr, ja es ist in Vergessenheit geraten, dass früher einmal Witze erzählt wurden, und man weiß nicht einmal mehr, was ein Witz ist. Die Forscher werden staunen: Da gab es einen Professor in Würzburg, der konnte mit dem Kultusministerium in München ohne Telefon sprechen! Eine solche ungeheuer laute Stimme musste dieser Mann gehabt haben! Wie wunderbar und außergewöhnlich! – Andere würden sagen: So etwas gibt es nicht, und das gab es auch früher nicht. Was da erzählt wird, ist nicht wahr. Und wenn dieser Abschnitt so unglaubwürdig ist, dann kann man der ganzen Seite nicht trauen. Dann gab es wahrscheinlich auch diese Versammlung nicht und auch kein Sommerfest. Und der Professor Teichtweier ist eine reine Fiktion, den hat es nie gegeben. – Man würde darüber streiten, ob die gefundene Zeitschrift insgesamt glaubwürdig ist oder nicht. Die einen würden sagen: Selbstverständlich stimmt das, was diese Texte schreiben; ihr wollt von vornherein ausschließen, das es außergewöhnliche Dinge gibt, und alles nur auf euren begrenzten Erfahrungshorizont reduzieren. Die anderen würden sagen: So eine laute Stimme kann es nicht geben. Deshalb kann man auch allen anderen Aussagen der Zeitschrift nicht trauen. – Zu einem solchen Streit kommt es aber nur, wenn man die literarischen Formen nicht beachtet! Er wird sofort gegenstandslos, wenn man davon ausgeht: Hier handelt es sich schlicht und einfach um eine literarische Form der Vergangenheit. Hier wird auf eine uns ungeläufige Weise etwas über eine historische Person ausgesagt: Der Mann hatte eine ungewöhnlich laute Stimme; darüber musste man schmunzeln; und gerne regte man mit dem Hinweis auf seine laute Stimme auch andere zum Schmunzeln an. Um das zu erreichen, erzählte man diese fiktive Begebenheit. Man wollte nicht behaupten, das sei wirklich passiert. Und dennoch hat diese Geschichte ihr Fundament in der Realität: Den Professor mit seiner machtvollen Stimme gab es wirklich.

Dieses Gedankenexperiment kann deutlich machen: Verschiedene Textformen stehen in sehr unterschiedlicher Weise mit historischer Wirklichkeit in Bezug. Und zweitens: Manchen Textformen wird man nicht gerecht, wenn man vor allem oder gar ausschließlich die Frage stellt: Was ist wirklich gewesen? Ihr Sinngehalt, ihre Hintergründigkeit, ihre spezifische „Wahrheit" ergibt sich erst, wenn ich verstehe: Welche Wirkung wollte man bei welchem Adressaten erzielen? Aus welchem Grund? Mit welchen Mitteln?

Übertragen wir das Ganze auf die Bibel: Wer nicht auf die literarischen Gattungen und Formen schaut, bereitet sich unnöti-

ge Probleme. Wie viel fruchtlose Mühe haben Forscher darauf
verwendet, herauszubekommen, welcher Fisch Jona verschlun-
gen hat. Das Problem stellt sich nur, wenn man die Jona-Erzäh-
lung als historischen Bericht ansieht. Ja, in den Königsbüchern
wird ein Prophet Jona erwähnt, der im 8. Jahrhundert lebte. Aber
dort wird nichts von einer Sendung nach Ninive erzählt. Umgekehrt erwähnt unsere Geschichte keine Namen. Sie erzählt nichts
darüber, wie der König von Ninive hieß und um welche Zeit er
lebte. Der Verfasser scheint sich auch überhaupt nicht auszuken-
nen: Eine Tagesreise geht Jona in die Stadt hinein, das sind
20 km. Phantastische Vorstellungen von der Größe einer orientalischen Weltstadt scheint er zu haben! Mit märchenhaften Elementen arbeitet die Jonaerzählung, mit Bildern und Symbolen.
Sie ist offenbar kein historischer Bericht, sondern eine Lehrerzäh-
lung, die theologische Aussagen machen will, z. B.: Gott ist der
Freund allen Lebens. Er sendet sein Volk (Jona könnte Symbolfigur für Israel sein), um dies den Heidenvölkern zu zeigen. Der
Prophet Jona – und mit ihm das Volk Israel – muss auf mühevol-
le Weise lernen: Erwähltsein heißt nicht: Gott ist mit uns und gegen die anderen, sondern: Er hat uns erwählt für die anderen.
Gott ist nicht nur der Gott Israels, sondern der Gott aller Völker,
der Freund allen Lebens.

Die Aussage eines Textes liegt oft nicht auf der historischen
Ebene. Es geht oftmals um eine theologische, nicht primär um
eine historische Wahrheit – wobei freilich für das christliche
Offenbarungsverständnis klar ist, dass sich Gottes Heil immer
in der Geschichte ereignet und daher theologische Wahrheiten
nie unabhängig von geschichtlichen Erfahrungen existieren.
Doch der Bezug zwischen theologischer und historischer
Wahrheit kann sich sehr unterschiedlich gestalten.

Ein Beispiel aus unserer Zeit: Es gibt einen Film über den
lateinamerikanischen Bischof Oscar Romero, der wegen sei-

nes Einsatzes für die Armen einem Attentat zum Opfer fiel. Der Film zeigt eindrucksvoll, wie Romero während der Messe, als er bei den Einsetzungsworten „Das ist mein Blut, das für euch und für alle vergossen wird" den Kelch erhebt, von der tödlichen Kugel getroffen wird. Der Kelch kippt nach hinten, der rote Wein ergießt sich über Romero und vermischt sich mit seinem Blut. Nur: Romero wurde nicht während der Einsetzungsworte, sondern während der Predigt erschossen! Lügt der Film also? Nein, denn es geht ihm anscheinend nicht um ein dokumentarisches Festhalten eines historischen Ereignisses. Es geht ihm um eine theologische Deutung: Romeros Tod ist Teilhabe an Jesu Lebenshingabe, wie sie in der Eucharistie Gegenwart wird! Die Wahrheit des Films liegt auf einer anderen Ebene als der der Geschichtsschreibung!

Werfen wir nochmals einen Blick auf unsere drei anfangs erwähnten „Problemtexte": Die Abrahamsgeschichte ist keine Biographie im heutigen Sinn. In die Gestalt des Stammvaters haben Erzähler vieles hineingelegt, was glaubende Israeliten im Lauf einer langen Geschichte an Erfahrungen mit Gott gemacht haben und an Überzeugungen über Gott gewonnen haben. Zum Beispiel: Gott mutet seinem Volk manchmal Schreckliches zu. Es scheint manchmal alles zu verlieren, was ihm lieb und teuer ist, und hat manchmal den Eindruck, Gott habe seine Verheißungen aufgehoben. Aber was ein scheinbarer Verlust war, wurde so und so oft zu einer neuen Gotteserfahrung. Nicht umsonst spricht der Text davon, dass sich auf jenem Berg Gott sehen lässt (Gen 22,14).

Das Gleiche gilt für das deuteronomistische Geschichtswerk, zu dem die Samuelbücher gehören. Es ist keine dokumentarische Geschichtsschreibung im heutigen Sinn, sondern Geschichtsdeutung. Sie folgt dem Schema: Wenn das Volk

Gottes und seine Könige Gottes Willen befolgen, geht es ihnen gut; wenn sie sich von Gott abwenden, geraten sie ins Unheil.

Und welche literarische Form liegt in Kol 3 vor? Es handelt sich um eine so genannte „Haustafel", wie es sie im kulturellen Umfeld der christlichen Gemeinden häufig gibt. Sie enthalten Anweisungen für den konkreten Umgang in der Hausgemeinschaft. Christliche Gemeinden übernehmen oftmals solche Muster – freilich nicht ohne sie ihren Überzeugungen entsprechend auch zu modifizieren.

2.1.3. Beachten, wer den Text an wen in welcher Situation mit welcher Absicht geschrieben hat

Die Inspiration der Bibel – so wurde dargelegt – ist ein Moment der Inspiration des geschichtlichen Entwicklungsprozesses der Glaubensgemeinschaft. Daraus ergibt sich für die Interpretation der Schrift: Die Texte der Bibel stehen in einem konkreten geschichtlichen und sozialen Kontext. Sie sind in einer bestimmten Situation entstanden, in einem konkreten Volk, in einer konkreten Gruppe, die bestimmte Probleme hatte – etwa soziale Unterschiede, Spannungen zwischen Arm und Reich, Bedrohung von außen, interne Richtungskämpfe. Die konkreten Situationen sind so vielfältig, wie das Leben vielfältig ist. Die Texte sind von bestimmen Personen an bestimmte Leute mit einer bestimmten Absicht geschrieben worden.

Aus diesem Aspekt der Inspiration ergibt sich für die Interpretation der Schrift: Es ist hilfreich, immer die Frage zu stellen: Wer hat den Text an wen, in welcher Situation, warum, mit welcher Absicht geschrieben? Hierbei gibt es freilich – der Entstehungs- und Bearbeitungsgeschichte eines Textes entsprechend – oftmals mehrere Möglichkeiten: So kann man etwa das Sämann-Gleichnis in Mk 4 auf der Ebene des historischen Jesus untersuchen und wird zu dem Ergebnis kommen, dass es ein Mutmach-Gleichnis für diejenigen ist, die sich nur schwer vorstellen können, dass das oft unscheinbar wirkende Tun Jesu und seiner Jünger der Anfang des Reiches Gottes sein soll. Man kann aber auch die Ebene der markinischen Gemeinde in den Blick nehmen und wird feststellen, dass es hier ein Aufruf zum rechten Hören ist, ein fast drohender Appell an die Hörer, nicht Fels oder Weg oder Dornen, sondern guter Boden zu sein.

Schauen wir wieder auf unsere drei Texte: Auch 1 Sam 15 hat eine lange Überlieferungsgeschichte hinter sich. Möglicherweise steht eine Erzählung über den Aufstieg und Fall des Königs Saul am Anfang. Später – vielleicht erst in der Zeit der Assyrer (ca. 8. Jhd.)? – kommt das Motiv des „herem" (Bann) hinein: Es gibt im Alten Orient die Praxis, eine unterworfene Stadt mit Stumpf und Stiel auszurotten. Das hat einen religiösen Hintergrund: Der Sieg ist Geschenk des Gottes, den man um Hilfe gebeten hat. Deshalb gehört ihm die ganze Beute. Auch Saul darf sich nicht an dem bereichern, was Jahwe gehört. Und schließlich wird die Geschichte eingegliedert ins deuteronomistische Geschichtswerk mit seinem bereits beschriebenen Denkmuster: Ungehorsam gegenüber Jahwe führt ins Unheil, wie an der gesamten Geschichte Israels abzulesen ist.

Oder: Die Erzählung von Isaaks Opferung begründet ursprünglich, warum es in Israel keine Menschenopfer gibt. Man muss bedenken, dass die Frage: Wie kann Gott das Opfer eines Sohnes fordern? eine moderne Frage ist. Sie ist nicht das Problem des Volkes Israel. Rund um Israel gab es Fruchtbarkeitsreligionen, bei denen Menschenopfer üblich waren. Das Überraschende für einen Israeliten, der die Erzählung hörte, war nicht, dass Gott einen solchen Befehl ausspricht, sondern dass er ihn zurücknimmt und damit erklärt: Ich will keine Menschenopfer! Eine befreiende Botschaft! – Später wird die Erzählung in den Kontext der Abrahamsgeschichte eingefügt.

Abraham wird zur Symbolfigur des glaubenden Gottesvolkes, das immer wieder die Erfahrung macht: So schlimm das manchmal ist, was Gott uns zumutet – er nimmt uns nichts, ohne uns etwas zu schenken!

Und Kol 3 erfindet nicht die Unterordnung der Frau unter den Mann. Der Verfasser greift vielmehr in seiner (vielleicht aus der Umwelt übernommenen?) „Haustafel" vertraute patriarchale Elemente auf. Aber er prägt sie zugleich um. Er schärft den Männern ein: Ihr Männer, liebt eure Frauen! Ihr Väter, schüchtert eure Kinder nicht ein, damit sie nicht mutlos werden! Er wirft die vertrauten Verhaltensmuster nicht um, aber er bringt behutsam das christliche Grundmotiv der Liebe und der gegenseitigen Achtung ein.

Jeder Text ist mit einer bestimmten Absicht geschrieben. Nicht immer – das macht die Auslegung nochmals schwierig – sind diese Absichten freilich von gleicher Lauterkeit. Ein Beispiel: In der jungen Kirche gab es das Problem: Kann die johanneische Gemeinde in vollem Sinn dazugehören? Ihre Bezugsperson ist doch „der Jünger, den Jesus liebte". Er ist die entscheidende Autorität, nicht Petrus! Wie kann seine Autorität mit dem Führungsanspruch, der in der Kirche für Petrus erhoben wird, zusammengehen? Das 20. und das 21. Kapitel des Johannes-Evangeliums sind in dieser Hinsicht aufschlussreich. Petrus und „der Jünger, den Jesus liebte", rennen um die Wette zum leeren Grab Jesu. Wer kommt als Erster an? Der Jünger, den Jesus liebte. Die Liebe beflügelt! Aber er wartet und lässt Petrus den Vortritt. Der geht hinein und sieht die Leinenbinden. Dann erst kommt der andere – aber gleich ist er ihm wiederum einen Schritt voraus: „Er sah *und glaubte*." Also: Petrus mag in Gottes Namen den Vorrang haben, aber „der Jünger, den Jesus liebte", steht für das, worauf es letztendlich ankommt: den Glauben. – Und es geht noch weiter: Jesus trägt

Petrus in Joh 21 auf: Weide meine Lämmer! Weide meine Schafe! Er überträgt ihm die Führung – das erkennt hiermit die johanneische Gemeinde an. Aber: Vorher hat Jesus ihn gefragt: Liebst du mich? Voraussetzung für die Übertragung der Führungsvollmacht ist nichts anderes als die Liebe, also genau das, wofür eigentlich der andere Jünger, „den Jesus liebte", steht. Und Petrus windet sich, wie bekannt, furchtbar angesichts der dreimaligen Frage Jesu. In diesen beiden Schlusskapiteln des Johannes-Evangeliums spiegelt sich das ganze Ringen um das Austarieren der Autoritätsansprüche zwischen Petrus und der Autoritätsperson der johanneischen Gemeinde – und die Lösung, die die johanneische Gemeinde findet: Wir erkennen den Führungsanspruch derer an, die sich auf die Tradition des Petrus berufen. Petrus ist der Erste – aber nur insofern er das aufweisen kann, wofür unser „Jünger, den Jesus liebte", steht: Glaube und Liebe.

Man kann nun fragen: Wenn Texte aus solchen allzu menschlichen Interessen heraus entstehen, wo hat da Gottes Inspiration noch einen Platz? Man könnte aber auch sagen: Wie wahr ist die Bibel, wie sehr spiegelt sie die ganze menschliche Realität wider, bis hin zu manchmal sehr problematischen Gruppeninteressen! Und was ist das für ein großer Gott, der es akzeptiert, dass in seinen heiligen Texten, die er seiner Kirche als Grundlage mit auf den Weg gibt, auch solche menschlichen, allzu menschlichen Dinge ihren Platz haben dürfen! Wie ernst nimmt Gott unsere Menschlichkeit!

2.2. Biblische Texte im Kontext der ganzen Schrift lesen

Der Blick auf die literarische Form bzw. Gattung und auf die Aussageabsicht eines Textes in seiner konkreten geschichtlichen Entstehungssituation hilft oftmals weiter. Aber nicht immer. Manchmal ist ja gerade die theologische Aussage problematisch. Der Verfasser von 1 Sam 15 und die Bearbeiter bis hin zur Endredaktion des deuteronomistischen Geschichtswerks haben offensichtlich die Vorstellung: Gott hat uns erwählt, wir sind sein Volk; und das heißt: Er ist mit uns und gegen die anderen, uns befreit er, die anderen vernichtet er. Was ist das für ein Gott? Muss ich auf Grund der göttlichen Inspiration dieser Texte an einen solchen Gott glauben? Hier hilft es, wiederum vom Prinzip auszugehen: Inspiration der Schrift ist ein Moment der Inspiration des Prozesses der Auferbauung der Glaubensgemeinschaft. Daraus ergibt sich – wie in 3.6. ausgeführt –: Der einzelne biblische Text, ja sogar das einzelne fertiggestellte biblische Buch ist nicht für sich selbst isoliert „inspiriert", sondern als Moment in diesem umfassenden Prozess. Das heißt: Es gilt, den einzelnen Text und das einzelne Buch in das Gesamt der Entwicklung hineinzustellen. Ein Buch erscheint in einem neuen Licht, wenn ihm andere Bücher zur Seite gestellt werden. Seine Aussagen gewinnen eine neue Bedeutung und einen anderen Stellenwert, wenn andere Bücher in der Gesamtheit der Sammlung der biblischen Bücher, des Kanons, hinzugefügt werden.

Wenn ich deshalb angesichts eines konkreten Textes frage: Was ist daran von Gott inspiriert?, dann muss ich fragen: Welche Bedeutung hat er im Gesamt der Bibel? Der Stellenwert und das Gewicht eines einzelnen Textes bemessen sich – wie oben dargelegt wurde – aus seiner Beziehung zur Bibel als Ganzer, aus seinem Verhältnis zu den „Grundbescheiden" (Horst Klaus Berg) der Bibel.

Oder man könnte auch von „Grunderfahrungen" und „Grundbotschaften" sprechen. An solchen Grunderfahrungen können z. B. genannt werden: die Rettung einer Gruppe von Hebräern am Schilfmeer aus der Gewalt der Ägypter, das Sesshaftwerden im verheißenen Land, die glanzvolle, aber auch ambivalente Erfahrung des Königtums, die wechselvolle Geschichte mit Glanz, aber auch Bedrohung von außen und Spaltung im Innern, die Katastrophe des Nordreichs und des Südreichs, die Rückkehr aus dem Exil und die wunderbare Erfahrung des Wiederaufbaus, das Auftreten Jesu, seine Ankündigung der Herrschaft Gottes, sein Zugehen auf Randexistenzen, seine Machttaten, sein Sterben, der Neuanfang nach seinem Tod auf Grund der umwerfenden Erfahrung des lebendigen Jesus, die Ausbreitung der jungen Christenbewegung trotz interner Probleme und Bedrohung von außen.

An Grundbotschaften könnten aufgeführt werden: Gott rettet aus der Not; Gott beruft ein Volk – ein schwaches, sündhaftes Volk, das sich der Berufung oft nicht als würdig erweist und dem er dennoch die Treue hält; Gott erweist sich als gerecht, er überlässt Menschen den Folgen ihrer Schuld – und ist zugleich barmherzig, sein Erbarmen ist größer als die menschliche Schuld; Gott sagt sein endgültiges Ja zum Menschen in Jesus Christus, in seinem Kommen, Leben, Handeln, Reden, Sterben und Auferstehen teilt er sich in einer unüberbietbaren und nicht rückgängig zu machenden Weise mit; Gottes Macht und Liebe überwindet selbst den Tod; Gott wird einst alles vollenden; Gott ist Liebe.

„Da die Heilige Schrift in dem Geist gelesen und ausgelegt werden muss, in dem sie geschrieben wurde, erfordert die rechte Ermittlung des Sinnes der heiligen Texte, dass man mit nicht geringerer Sorgfalt auf den Inhalt und die Einheit der gesamten Schrift achtet ..." (DV 12) – so hat auch das Zweite Vatikanum in seinem Bemühen, aus der Überzeugung von der Inspiration der Bibel Interpretationsgrundsätze herzuleiten, erklärt.

Auf unser Beispiel bezogen, bedeutet das: Es gibt natürlich in Israel die Vorstellung, von der 1 Sam 15 und viele andere Texte geprägt sind: Gott rettet uns und vernichtet die anderen. Aber es gibt auch Amos, der in seinen Drohworten davon ausgeht, dass alle Völker unter dem gleichen Anspruch Gottes stehen, dass Israel den anderen Völkern nichts voraus hat und sich nicht auf seine Erwählung berufen und sich in Heilssicherheit wiegen kann. Es gibt den bereits erwähnten Jona, der Gottes Gnade allen Völkern gegenüber betont. Es gibt Jesaja, der die Vision eines universalen Friedens zwischen den Völkern hat. Es gibt schließlich Jesus mit seinem Aufruf zu Feindesliebe und Gewaltverzicht. In diesem Gesamtkontext erscheint 1 Sam 15 in neuem Licht.

Oder schauen wir auf Kol 3: Betrachtet man die Anweisung der Unterordnung der Frau nur auf der Ebene der literarischen Formen und Aussageabsichten, könnte man immer noch fragen: Woher weiß ich, dass diese Anweisung nur eine aus der Zeit heraus verständliche Übernahme gängiger Normen ist? Könnte es nicht sein, dass Gott es eben doch vom Wesen von Mann und Frau her gewollt hat, dass die Frau sich unterordnet? – Hier hilft ebenfalls der Blick auf das Ganze des Kanons weiter. Dann wird einem auffallen, dass Paulus – in dessen Tradition ja auch der Kolosserbrief steht – in Gal 3,28 erklärt: „Es gibt nicht mehr Juden und Griechen, nicht Sklaven und Freie, nicht Mann und Frau; denn ihr alle seid ‚einer' in Jesus Christus." Und man wird in den Evangelien auf die Wertschätzung stoßen, die Jesus den Frauen entgegenbringt. Nur in diesem Kontext kann Kol 3 angemessen verstanden werden.

2.3. Biblische Texte in gläubiger Offenheit lesen

Es mag in den vorausgegangenen Punkten der Eindruck entstanden sein: Auslegung der Schrift ist Sache der Fachgelehrten, insbesondere der Vertreter der historisch-kritischen Wissenschaften. Wenn ich so viel wissen muss über die historischen Zusammenhänge und die literarischen Formen von damals, dann bin ich völlig auf die Fachgelehrten angewiesen. Einfaches gläubiges Bibellesen hat keine Chance.

Demgegenüber gilt es jedoch festzuhalten:

– Viele Bibeltexte sind ohne weiteres verständlich. Die Worte Jesu über die Gottes- und Nächstenliebe (Mk 12,28–34), die Rede Jesu vom Weltgericht (Mt 25,31–46) oder das Gleichnis vom barmherzigen Samariter (Lk 10,25–37) sprechen jeden Leser unmittelbar an. Bei ihnen mag man sich eher in den Worten Chestertons wiederfinden: „Mir bereiten nicht die unverständlichen Bibelstellen Bauchweh, sondern die, die ich verstehe!"

– Die im vorausgehenden Abschnitt empfohlene Einordnung eines konkreten Bibeltextes in das Gesamt der biblischen Überlieferung ist nicht nur dem Fachexperten möglich, sondern jedem, der ein Gespür für die zentralen Grunderfahrungen und Grundbotschaften der Bibel hat. Hier ist nicht nur historische Kenntnis von Nutzen, hier hilft auch bereits der „sensus fidelium", das Gespür des Glaubenden für das, was Glaube der Kirche ist. Nicht zufällig fügt das Zweite Vatikanum an seinen eben erwähnten Rat, auf die Einheit der ganzen Schrift zu achten, den Zusatz hinzu: „unter Berücksichtigung der lebendigen Überlieferung der Gesamtkirche und der Analogie des Glaubens" (DV 12).

Dieses „Mehr" gegenüber der historisch-kritischen Ermittlung der Intentionen der biblischen Autoren und gegenüber der fachtheologischen Einordnung eines Textes in das Gesamt des Kanons gilt es jedoch nochmals besonders zu betonen. Inspiration – so wurde oben ausgeführt – ist keine vergangene, abgeschlossene Sache, sondern gegenwärtiges, fortwährendes Geschehen. Der Geist Gottes inspiriert nicht nur die Verfasser von damals, sondern auch die Leser und Hörer von heute.

Bibelauslegung ist daher nicht einfach nur Nachvollziehen einer Aussageabsicht eines längst verstorbenen biblischen Autors. Sie ist lebendiges, kreatives Geschehen zwischen dem Geist Gottes und uns heutigen Menschen.

Wozu könnten die genannten drei „Problemtexte" einen Leser von heute inspirieren? In 1 Sam 15 kann die Botschaft Gottes an den Menschen unserer Tage sicher nicht sein: Geh mit gleicher Rigorosität und Unmenschlichkeit gegen deine Feinde vor. Vielleicht könnte die inspirierende Botschaft des Textes aber lauten: Denk daran, dass deine Erfolge Gottes Geschenk sind und nicht nur deine Leistung. Denk daran, ihm die Ehre zu geben. Oder auch: Denk in allen Lebenslagen daran, zu fragen, was Gott dir nahelegt! Such nicht deinen Vorteil, sondern seinen Willen!

Wozu könnte Kol 3 uns heute anregen? Vielleicht kann der Text uns zeigen, wie geduldig Gott mit den Menschen umgeht, wie viel Zeit er ihnen lässt, sich aus gesellschaftlich bedingten Verhaltensmustern zu lösen, wie er behutsam und doch unnachgiebig am Werk ist, Menschen umzuprägen und umzuformen in Richtung auf einen partnerschaftlicheren, liebevolleren Umgang hin? Vielleicht kann er ein Modell für uns sein, wie wir – ähnlich wie die frühen christlichen Gemeinden „Haustafeln" aus ihrem kulturellen Umfeld übernommen haben – auch heute für unser Ehe- und Familienleben Anregungen aus unserer Umgebung aufgreifen können, etwa Einsichten der Psychologie und der Kommunikationswissenschaften? Vielleicht können wir aber auch einfach die zentralen christlichen Grundimpulse des Textes Kol 3,18–4,1 aufnehmen: einander lieben, einander ermutigen, nicht anderen gefallen wollen, alles für Gott tun, gerecht sein, sich Gott gegenüber verantwortlich wissen.

Die Erzählung vom Opfer Abrahams schließlich (Gen 22) könnte Eltern daran erinnern, dass es auch ihnen zugemutet wird, irgendwann ihr Kind loszulassen. Das ist ja Abrahams Problem, dass er als Orientale, für den Kinderlosigkeit absolute Schande und unerfülltes Leben bedeutet, seinen Lebenssinn und seine Lebenserfüllung total von dem lang ersehnten Isaak abhängig macht. Die Botschaft des Textes könnte sein: Du kannst nur behalten, was du loslässt. Abraham und Isaak gehen anders den Berg hinunter, als sie heraufgegangen sind: Isaak ist nicht mehr Abrahams „Lebenserfüller", er ist ein eigenständiger Mensch geworden; Abraham definiert sich nicht mehr ausschließlich von Isaak her, er hat gelernt, loszulassen, freizugeben und in sich selbst zu stehen. Oder die Botschaft des Textes könnte heißen: Rechne damit, dass du gerade dort, wo du einen Verlust erleidest, wo du Abschied nehmen musst von Menschen, von Plänen, von Lebensentwürfen, Gott neu begegnest und dass er dir neue Lebensmöglichkeiten und Perspektiven zeigt!

2.4. Biblische Texte in der Glaubensgemeinschaft lesen

Sofort erhebt sich freilich die berechtigte Frage: Ist damit nicht der Willkür des Interpreten Tür und Tor geöffnet? Was garantiert, dass ich wirklich den mich inspirierenden Gott höre und nicht meinen eigenen Lieblingsgedanken aufsitze?

Das Hören auf den Geist Gottes beim Lesen der biblischen Texte ist eine Kunst eigener Art. Die christliche Tradition spricht von der notwendigen „Unterscheidung der Geister": Nicht alles, was vom Geist Gottes zu kommen scheint, kommt wirklich von ihm. Woran erkenne ich, was von ihm kommt, was wirklich seine Anregung, seine Inspiration für mich ist? Die spirituelle Tradition des Christentums hat sich jahrhundertelang immer wieder mit dieser Frage beschäftigt – und festgestellt: Es gibt kein Patentrezept, keine „Messlatte", die ich nur anzulegen bräuchte, so dass ich zweifelsfrei erkennen könnte, ob es sich um die Inspiration durch den göttlichen Geist handelt oder nicht.

Aber es gibt Anhaltspunkte. Ein wichtiger Aspekt sei hier genannt: Gott führt immer zu größerem Leben. Er will Leben in Fülle schenken. Er will nicht verkümmern lassen. Was Einseitigkeiten und Zwanghaftigkeiten verstärkt, ist nicht im Sinne Gottes. Wenn sich die skrupulöse Frau, die von sich sagt, dass sie bestimmten Menschen nicht verzeihen kann, was sie ihr angetan haben, durch Jesu warnendes Wort: „Ebenso wird mein himmlischer Vater jeden von euch behandeln, der seinem Bruder nicht von ganzem Herzen vergibt!" (Mt 18,35) in noch tiefere Ängste stürzen lässt, dann war sicher nicht die Inspiration des Geistes am Werk. Dann hat ihre eigene Zwanghaftigkeit zu ihr gesprochen, nicht Gott. – Oder: Wer ohnehin zu ängstlich ist, für den sind die vielen Drohungen und Warnungen der Bibel Gift – und auf keinen Fall Gottes Wort für seine konkrete Situation! Er darf sich getrost sagen: Das ist für andere geschrieben, nicht für mich! – Oder: Wer zu viel für andere tut, sich selber vergisst und sich dabei ständig überfordert, der mag beim Lesen der Bergpredigt den Eindruck haben: Ich müsste noch viel mehr tun! Was Jesus alles von mir fordert! Er darf aber getrost sagen: Das ist für den vitalen, offensiven Menschen geschrieben, der dazu neigt, anderen Raum zu nehmen. Er darf sich getrost eher von anderen Stellen der Schrift ansprechen lassen – etwa von der Aufforderung Jesu: Kommt mit an einen einsamen Ort und ruht euch ein wenig aus! (Mk 6,31) Oder von seiner Zusage: Ich werde euch Ruhe verschaffen! Mein Joch drückt nicht und meine Last ist leicht (Mt 11,29 f). Er darf sich von Jesus sagen lassen: Was dich herunterzieht und überfordert, was dich lähmt und dir die Lebensfreude nimmt, ist nicht von mir auferlegt. Deine Überforderung kommt von anderen oder von dir selber; du darfst dich getrost daraus befreien, mein Joch ist es bestimmt nicht! Das inspirierende Wort Gottes will Arznei sein, manchmal freilich auch bittere Arznei, aber es ist immer ein gesund machendes, heilendes Wort.

Je mehr ich mich selbst kenne, desto klarer kann ich erkennen, was Gott mir sagen will und in welcher Richtung mich Gott durch sein Wort inspirieren will. Um mich selber zu erkennen, brauche ich aber den Spiegel, den mir der andere vorhält; ich brauche seine Rückmeldung und seine Korrektur. Zur „Unterscheidung der Geister" brauche ich die Gemeinschaft von Menschen. Hier kommt die Größe „Kirche" ins Spiel:

– Die spirituelle Tradition der Kirche weiß seit langem von der Bedeutung der geistlichen Begleitung: Der Begleiter entdeckt möglicherweise treffsicherer als ich selber, wo ich mit der Bibel destruktiv anstatt aufbauend umgehe. Bereits hier wird Kirche im Kleinen konkret.

– Noch deutlicher wird der Kirchenbezug dort, wo man die Bibel in einer geistlichen Gemeinschaft oder Glaubensgruppe liest: Wo man miteinander auf Gottes Wort im Text der Schrift hört – etwa in der Form des Bibel-Teilens –, werden Einseitigkeiten korrigiert.

– Die Geschichte des Christentums zeigt, dass auch Gruppen nicht davor gefeit sind, sich auf zweifelhafte Weise auf die Bibel zu berufen. Die Geschichte der Sekten – die sich ja meist durch eine sehr dezidierte Berufung auf die Bibel auszeichnen! – zeigt dies auf warnende Weise. Wo eine Gruppe sich von der Glaubensgemeinschaft als ganzer abkoppelt und ihren eigenen Weg der Bibelinterpretation geht, wo das Gespräch mit der Großgemeinschaft abbricht, da ist die Tür zu eigenwilligen, oft destruktiven Bibelauslegungen offen.

Hier wird deutlich, wie wichtig es ist, das eigene Bibelverständnis in die große „Lesegemeinschaft" der Kirche hineinzustellen.

Werfen wir aus dieser Perspektive nochmals einen Blick auf
unsere „Problemtexte":

Der Christ, der in der Gemeinschaft der Kirche steht, wird
beim Lesen von 1 Sam 15 im Blick haben, was heute in der Kirche Konsens ist zu Fragen von Krieg und Frieden. Er wird die
kritische Stellungnahme eines Papstes Johannes Paul II. zum
Irak-Krieg mithören. Er wird freilich auch daran denken, dass
es in der Vergangenheit auch oft sehr problematische theologische Rechtfertigungen „gerechter Kriege" gab.

Bei Gen 22 wird er sich daran erinnern, dass in der Kirche
Isaak immer wieder mit Jesus verglichen wurde – der im Gegensatz zu Isaak nicht im letzten Augenblick verschont wurde,
sondern tatsächlich sein Leben als „Opfer" verlor. Er wird freilich auch im Blick behalten müssen, dass hier nicht ein sadisti-
scher Gott-Vater seinen unschuldigen Sohn opfert, sondern
Gott selbst sich in Jesus dem Tod ausliefert, um zu zeigen, dass
seine Liebe sich auch angesichts äußerster Ablehnung seitens
der Menschen durchhält.

Und Kol 3 wird er lesen auf dem Hintergrund heutiger offi-
zieller Dokumente, die die Gleichwertigkeit von Mann und
Frau und die Wichtigkeit eines partnerschaftlichen Umgangs
betonen. Er wird freilich auch daran denken, dass es im Laufe
der Kirchengeschichte auch vielfach andere Bewertungen der
Frau und andere Auffassungen vom rechten Umgang zwischen
Mann und Frau gab.

In all diesen Beispielen zeigt sich: Biblische Texte im Raum
der Lesegemeinschaft „Kirche" lesen – das kann nicht heißen,
sich unkritisch dem anzupassen, was in der jeweiligen Zeit
kirchlicher Konsens ist. Die jeweilige gemeinschaftlich-kirch-

liche Interpretation der Bibel und die Herausforderungen und Anfragen der jeweiligen Zeit stehen in einem kritisch-dialogischen Verhältnis; und diese Spannung lässt sich nicht nach einer Seite hin auflösen. Kirche braucht ständige Erneuerung – im je neuen Hören auf das, was Gott ihr sagen will, durch das Wort der Schrift, durch die „Zeichen der Zeit" und oftmals durch Menschen von außen. Die „Lesegemeinschaft Kirche" braucht die Verbindung zur großen „Lesegemeinschaft Menschheit". Das Hören auf Gottes Wort in der Schrift ist ein spannender Prozess, der immer wieder Überraschungen bereithält.

Am Ende unserer Überlegungen gilt es festzuhalten: Nicht der Mensch hat am tiefsten verstanden, was Inspiration der Schrift heißt, der in gelehrten Worten den Geistbezug der Schrift zu beschreiben weiß, sondern der, der sich vom Wort der Schrift berühren lässt, sich von ihm in die Begegnung mit dem lebendigen Gott führen lässt und bereit ist, sein Leben von ihm verändern zu lassen. Andererseits zeigt sich aber auch: Wer beim Hören auf das Wort der Schrift ein problematisches Verständnis der „Göttlichkeit" der Schrift im Hinterkopf hat, läuft Gefahr, sehr fragwürdige Konsequenzen aus der Schrift für sein Leben zu ziehen. Das gläubige Hören auf das Wort der Schrift und das angemessene, theologisch reflektierte Verständnis dessen, was „Heilige Schrift", „Wort Gottes", „göttliche Urheberschaft" und „Inspiration" meint, sind keine Gegensätze oder gar Widersprüche. Beide stehen nicht beziehungslos nebeneinander, so dass das eine mit dem anderen nichts zu tun hätte. Sondern sie bedingen einander – auch wenn natürlich der einzelne Bibelleser sich nicht ausdrücklich der Mühe der theologischen Reflexion unterziehen muss. Für das kirchliche Leben insgesamt gilt jedoch: Gläubiges Leben und Theologie, Glaube und Vernunft gehören untrennbar zusammen. Je intensiver Menschen etwa mit Bibel-Teilen oder Schriftbetrachtung Erfahrungen machen, desto mehr fühlen sie sich in der Regel gedrängt, auch mehr über die Bibel zu wissen. Und umgekehrt: Mancher, der intensive wissenschaftliche Bibelstudien betrieben hat, gelangt irgendwann zu einer „zweiten Naivität", zu einem neuen, ganz unbefangenen Hören auf das Wort der Schrift; das, was er studiert hat, ist nicht vergessen, es fließt ganz von selbst in seinen gläubigen Umgang mit der Schrift ein; aber er weiß auch, dass es noch nicht das Letzte und Tiefste ist.

Die Bibel ist inspiriert und will inspirieren. Sie will helfen, ein lebendiger Mensch zu werden. Sie will inspirieren zu Glaube, Hoffnung und Liebe – so dass ich vertrauen und mich fallen lassen kann, dass ich zuversichtlich in die Zukunft schaue, dass ich mich lieben lassen und lieben kann. Durch mich soll etwas von Gottes Klarheit und Liebe in dieser Welt spürbar werden. In unserem Miteinander – dazu sind wir als Gemeinde und Kirche da – soll etwas aufleuchten von dem, was die Bibel „Reich Gottes" nennt. Wo das geschieht, ist Gottes inspirierender Geist am Werk, da entfaltet das Wort der Schrift seine lebendige, inspirierende Wirkung.

Anmerkungen

1 J. Whitlock, Schrift und Inspiration. Studien zur Vorstellung von inspirierter Schrift und inspirierter Schriftauslegung im antiken Judentum und in den paulinischen Schriften. Neukirchen 2002, 456.

2 Vgl. J. Ernst, Art. Inspiration. II. Biblisch-theologisch. In: LThK Bd. 5. Freiburg i. Br. [3]1996, 534–535.

3 „Pete hypo tou aitiou, id est, ab auctore quaere" (Epistola VIII 10).

4 In Leviticum homilia 8,1.

5 Heinrich Denzinger, Kompendium der Glaubensbekenntnisse und kirchlichen Lehrentscheidungen. Hg. Peter Hünermann. Freiburg i. Br. [37]1991, 1333–34 (im Folgenden: DH).

6 J. Fried, Grundlegung modernen Denkens im Mittelalter. In: Zur Debatte. Themen der Katholischen Akademie in Bayern. Heft 3/2010, 48–52, hier: 50.

7 So sagt z. B. Hieronymus über den Heiligen Geist nicht: „Apostolo dictavit", sondern „per Apostolum dictavit" (Epistola 120,10): „dictare" kann hier keinesfalls „diktieren" bedeuten, sondern ist einfach die Intensivform von „dicere" und bedeutet soviel wie „er sagte eindringlich durch den Apostel". Oder wenn das Konzil von Trient von den ungeschriebenen Überlieferungen spricht, die „Spiritu Sancto dictante" (DH 1501) von den Aposteln überliefert worden seien, kann ebenfalls nicht „diktieren" gemeint sein; denn es geht ja gerade um ungeschriebene Überlieferungen.

8 Diese These vertrat zum Beispiel Daniel Bonifatius von Haneberg (1816–1876). Er war Benediktiner, der zusätzlich Religionsgeschichte und Orientalistik studiert hatte und als Professor für Altes Testament lehrte, bevor er 1872 Bischof von Speyer wurde – gegen den Widerstand Roms setzte König Maximilian II. seine Ernennung durch.

9 So hatte z. B. Martin Johann Jahn (1750–1816), ein Prämonstratenser, der als Professor für Exegese und orientalische Sprachen erst in Olmütz, dann in Wien lehrte, die göttliche Inspiration beschrieben.

10 So hatte J. Langen – zumindest in seiner Frühzeit – von historischen Passagen der Schrift gesprochen, die nicht inspiriert seien. A. Rohling wollte die Inspiration nur auf Glaubens- und Sittenfragen beschränkt wissen.

11 Vgl. Epistola ad Hieronymum 82 I 3.

12 Contra Felicem lib. I,10.

13 De Genesi ad litteram lib. II,9.

14 Dogmatische Theologie, Bd. 1, Mainz 1873, 757.

15 Vgl. Ch. Pesch, De inspiratione Sacrae Scripturae, Freiburg 1906, 512 f.

16 Vgl. S. Tromp, De Sacrae Scripturae inspiratione. Rom [5]1953, 127.145 f.

17 DH 3288.

18 DH 3290.

19 Enchiridion biblicum. Rom [4]1961, 457 f.

20 Ebd. 558.

21 Vgl. Acta Synodalia Sacrosancti Concilii Oecumenici Vaticani Secundi. Vatikan 1970–1980. Bd. III/3, 300.

22 In klassischer scholastischer Begrifflichkeit bringt er seine These auf die Formel: „Indem Gott mit absolutem, formal prädefinierendem heilsgeschichtlichem und eschatologischem Willen die Urkirche und damit eben ihre konstitutiven Momente will und schafft, will und schafft er die Schrift derart, dass er ihr sie inspirierender Urheber, ihr Verfasser wird" (K. Rahner, Über die Schriftinspiration (QD 1). Freiburg i. Br. [3]1962, 58).

23 Anfangs spricht Rahner – die gebräuchliche Sprechweise der Neuscholastik aufgreifend – noch von Gott als „Verfasser", später nur noch – wohl um jedes Missverständnis eines göttlichen Diktats zu vermeiden – von „Urheber".

24 „Weil und insofern auch das Alte Testament zur Bildung der Kirche (...) von vornherein gehört als ein Stück von deren Vorgeschichte, und zwar als jenes, das (im Gegensatz zu dem wieder Abgeschafften) für immer aktuell bleibt (...), gilt von ihr auch, was von den Schriften des Neuen Testamentes gilt: als ein Moment an der formal prädefinierenden Bewirkung der Kirche durch Gott sind diese Schriften inspiriert" (ebd. 61 f).

25 K. H. Ohlig, Woher nimmt die Bibel ihre Autorität? Zum Verhältnis von Schriftkanon, Kirche und Jesus. Düsseldorf 1970, 104 f.

26 M. Limbeck, Art. Inspiration. In: Neues Handbuch theologischer Grundbegriffe. Hg. P. Eicher, Bd. 2. München 1984, 216–226, hier: 222.

27 Ders., Die Heilige Schrift. In: Handbuch der Fundamentaltheologie. Hg. W. Kern u. a. Bd. 4: Traktat Theologische Erkenntnislehre. Freiburg i. Br. 1988, 68–99, hier: 86.

28 Vgl. P. Benoît, Les analogies de l'inspiration. In: Sacra Pagina. Miscellanea Biblica Congressus internationalis catholici de re biblica. Bd. 1. Paris/Gembloux 1959, 86–99.

29 P. Grelot, Zehn Überlegungen zur Schriftinspiration. In: Glaube im Prozeß. Christsein nach dem II. Vatikanum. FS K. Rahner. Hg. E. Klinger/K. Wittstadt. Freiburg i. Br. 1984, 563–579.

30 Ebd. 568.

31 Ebd. 574.

32 Vgl. L. Alonso Schökel, Sprache Gottes und Sprache der Menschen. Literarische und sprachpsychologische Beobachtungen zur Heiligen Schrift. Düsseldorf 1968.

33 H. U. v. Balthasar, Wort, Schrift, Tradition. In: ders., Verbum Caro. Skizzen zur Theologie I. Einsiedeln 1960, 11–27, hier: 14.

34 K. H. Ohlig, Woher nimmt die Bibel ihre Autorität? Zum Verhältnis von Schriftkanon, Kirche und Jesus. Düsseldorf 1970, 79.

35 H. Küng, Christ sein. München 1974, 458.

36 Ebd.

37 E. Schillebeeckx, Christus und die Christen. Die Geschichte einer neuen Lebenspraxis. Freiburg i. Br. 1977, 61.

38 Deutsche Übersetzung: Inspiration in einem linguistischen Modell. In: Theologie der Gegenwart 28 (1985) 205–214.

39 „Inspiration is the human-divine quality that the Bible has as text, because this Bible was produced by an inspired community and because this Bible is capable of inspiring a community" (W. Vogels, Inspiration in a Linguistic Mode. In: Biblical Theology Bulletin 15[1985] 87–93, hier: 90).

40 J. Severino Croatto, Die Bibel gehört den Armen. Perspektiven einer befreiungstheologischen Hermeneutik. München 1989, 58.

41 U. H. J. Körtner, Der inspirierte Leser. Zentrale Aspekte biblischer Hermeneutik. Göttingen 1994, 112.

42 Ebd. 16.

43 E. Salmann, Der geteilte Logos. Zum offenen Prozeß von neuzeitlichem Denken und Theologie. Rom 1992, 175 f.

44 Th. A. Hoffman, Inspiration, Normativeness, Canonicity and the Unique Sacred Character of the Bible. In: CBQ 44 (1982) 444–469, hier: 457.

45 P. Knauer, Der Glaube kommt vom Hören. Ökumenische Fundamentaltheologie. Bamberg [4]1984, 219 f (Hervorhebung im Original).

46 Vgl. L. Boff, Tentativa de Solução Ecumênica para o Problema da Inspiração e da Inerrância. In: REB 30/119 (1970) 648–667.

47 Ishanand Vempeny, Inspiration in the Non-Biblical Scriptures. In: Word and Worship 6 (1973) 163–173, hier: 173. Vgl. auch: Ders., Inspiration in the Non-Biblical Scriptures. Bangalore 1973.

48 Vgl. G. Gispert-Sauch, Inspiration and Extra-Biblical Scriptures. In: Indian Theological Studies 20 (1983) 16–36.

49 C. Geffré, Das Wort Gottes in den anderen religiösen Traditionen und die Geschichte der Völker als Erzählung Gottes. In: Concilium 46 (2010) 146–156, hier: 150.

50 Ebd. 149 f.

51 Ebd. 152.

52 Ebd.

53 M. Seckler, Wort Gottes und Menschenwort. In: Christlicher Glaube in moderner Gesellschaft. Hg. F. Böckle u. a. Teilband 2. Freiburg i. Br. 1981, 84–88; hier: 88.

54 Vgl. J. Whitlock, a. a. O., 77–88.

55 E. Schweizer, Heiliger Geist. Stuttgart 1978, 35.

56 M. Seckler, Wort Gottes und Menschenwort. In: Christlicher Glaube in moderner Gesellschaft. Hg. F. Böckle u. a. Teilband 2. Freiburg i. Br. 1981, 84–88, hier: 84.

57 Zitiert nach: www.zenit.org/article-17606?/=german. ZGO9042306 – 23. 4. 2009: Papst Benedikt XVI.: Die Heilige Schrift in der Kirche lesen. Empfang für Mitglieder der Päpstlichen Bibelkommission.

58 Vgl. Communio Sanctorum. Die Kirche als Gemeinschaft der Heiligen. Paderborn 2000. Hg. von der Bilateralen Arbeitsgruppe der Deutschen Bischofskonferenz und der Kirchenleitung der Vereinigten Evangelisch-Lutherischen Kirche Deutschlands, Abs. 45.

59 Vgl. D. Trobisch, Die Endredaktion des Neuen Testaments. Eine Untersuchung zur Entstehung der christlichen Bibel (NTOA 31), Freiburg (Schweiz) / Göttingen 1996.

60 M. Ebner, Der christliche Kanon. In: Einleitung in das Neue Testament. Hg. M. Ebner / S. Schreiber, Stuttgart 2008, 9–52, hier: 30.

61 Ebd. 44.

62 Ebd. 48.

63 Th. Schneider, Was wir glauben. Eine Auslegung des Apostolischen Glaubensbekenntnisses. Düsseldorf ³1988, 156.

64 Vgl. H. K. Berg, Ein Wort wie Feuer. Wege lebendiger Bibelauslegung. München 1991, besonders 427–436.

Vor- und Zuname

Beruf

Straße/Hausnummer

PLZ/Ort

E-Mail

Ich interessiere mich vor allem für Literatur aus den
Bereichen

☐ Religion/Theologie ☐ Gemeindearbeit/Pastoral
☐ Franken/Bayern ☐ Lebenshilfe/Meditation

Schicken Sie Ihren Katalog auch an:

Vor- und Zuname

Straße/Hausnummer

PLZ/Ort

Bitte
ausreichend
frankieren

Antwort

Echter Verlag
Dominikanerplatz 8

D-97070 Würzburg

Ihre Meinung ist uns wichtig!

Welchem Buch haben Sie diese Karte entnommen?

_____

Erfüllt das Buch inhaltlich Ihre Erwartungen?

_____

Wie gefällt Ihnen die Gestaltung des Buches?

_____

Was würden Sie an diesem Buch gerne anders wünschen?

_____

☐ Senden Sie mir bitte Ihren Neuerscheinungsprospekt
    ☐ einmalig   ☐ regelmäßig
☐ Informieren Sie mich bitte per E-Mail über Ihre
    Neuerscheinungen

www.echter.de

Wie sind Sie auf das Buch aufmerksam geworden?

☐ Prospekt
☐ Rezension
☐ Anzeige in Zeitschrift
☐ Empfehlung des Buchhändlers
☐ Homepage des Verlages
☐ Internet allgemein
☐ Andere _____

65 Päpstliche Bibelkommission, Die Interpretation der Bibel in der Kirche. Vatikan 1993, 72–75.

66 M. Seckler, Problematik des biblischen Kanons und die Wiederentdeckung seiner Notwendigkeit. In: L'interpretazione della Bibbia nella Chiesa. Atti del Simposio promosso dalla Congregazione per la Dottrina della Fede. Vatikan 2001, 150–177, hier: 176.

Leseempfehlungen

Zur Vorstellung von inspirierten Schriften
in der Bibel und ihrer Umwelt:

J. Ernst, Art. Inspiration. II. Biblisch-theologisch. In: Lexikon
für Theologie und Kirche. Bd. 5. Freiburg i. Br. ³1996, 534f

J. Whitlock, Schrift und Inspiration. Studien zur Vorstellung
von inspirierter Schrift und inspirierter Schriftauslegung
im antiken Judentum und in den paulinischen Schriften.
Neukirchen 2002

Zur Geschichte der Theologie der Schriftinspiration:

J. Beumer, Die Inspiration der Heiligen Schrift (Handbuch der
Dogmengeschichte Bd. 1, 3b). Freiburg i. Br. 1968

Zur neuscholastischen Inspirationstheologie:

O. Loretz, Das Ende der Inspirationstheologie. Chancen eines
Neubeginns. Stuttgart 1974/1976

Zur Geschichte des neutestamentlichen Kanons:

M. Ebner, Der christliche Kanon. In: Einleitung in das Neue
Testament. Hg. M. Ebner / S. Schreiber, Stuttgart 2008,
9–52

Zur Auslegung der Bibel:

Päpstliche Bibelkommission, Die Interpretation der Bibel in der Kirche. Vatikan 1993

Manfred Oeming, Biblische Hermeneutik. Eine Einführung. Darmstadt 1998

H. K. Berg, Ein Wort wie Feuer. Wege lebendiger Bibelauslegung. München 1991

G. Lohfink, Jetzt verstehe ich die Bibel. Ein Sachbuch zur Formkritik. Stuttgart 1973

Zum Thema Schriftinspiration insgesamt:

H. Gabel, Art. Inspiration. III. Theologie- und dogmengeschichtlich. IV. Systematisch-theologisch. In: Lexikon für Theologie und Kirche. Bd. 5. Freiburg i. Br. [3]1996, 535–541

H. Gabel, Inspirationsverständnis im Wandel. Theologische Neuorientierung im Umfeld des Zweiten Vatikanischen Konzils. Mainz 1991

H. Gabel, Inspiration und Wahrheit der Schrift (DV 11). Neue Ansätze und Probleme im Kontext der gegenwärtigen wissenschaftlichen Diskussion. In: Theologie der Gegenwart 45 (2002) 121–136